KB216557

이야기를 해야 알죠!

37인이 말하는 종교문화

이야기를 해야 알죠!

37인이 말하는 종교문화

한국종교문화연구소 편

책을 내며

1988년 10여 명의 젊은 종교학도가 서울 봉천동에 위치한 어느 상가 건물 2층의 한 방에서 '한국종교연구회'라는 간판을 내걸고 공부 모임을 시작하였다. 이들은 대부분 종교학을 전공하는 소장 연구자들로서 대학원에 재학 중이거나 수료한 상태였다. 아직 박사학위를 받지는 않았지만 종교학에 대한 열정만은 어느 누구보다도 뜨거웠던 젊은 연구자들이었다. 그 후 이 모임은 사단법인 형태로 전환되어 오늘날 한국사회의 대표적인 종교문화 연구기관의 하나인 한국종교문화연구소로 재탄생하였다.

이 젊은 연구자들의 공부 모임이 시작된 때는 시민항쟁을 통해 30여 년의 군사정권이 종식되고 코리아라는 이름이 전 세계에 널리 알려지게 되는 88올림픽 직전이었다. 이 무렵에는 시민운동의 확산과 함께 그동안 권위주의적 풍조 하에서 억압되었던 목소리들이 사회 각 분야에서 봇물처럼 터져 나왔다. 학계도 예외가 아니었다. 특히 인문사회과학 분야에서는 일군의 젊은 연구자들이 제도권 학풍에서 벗어나 독자적인 목소리를 내기 위해 그들만의 공부 모임이나 재야 연구소를 의욕적으로 설립하였다. 한국종교연구회의 탄생도 이러한 시대적 흐름에서 벗어나 있지 않았던 것으로 보인다.

한국종교연구회를 모태로 하여 재출범한 한국종교문화연구소는 종교문화비평을 지향하면서 다양한 형태의 학술 활동을 전개해 왔다. 매달 여는 월례포럼과 매년 두 차례 개최하는 학술 심포지엄은 연구 활동의 두 축이다. 연구자들은 월례포럼을 통해 서로의 학문적 관심사를 교환하고 그러한 지적 소통을 통해 종교문화비평에 필요한 종교학적 지식을 구축한다. 심포지엄을 통해서는 우리 사회가 직면하거나 풀어야 할 여러 문제를 문화비평 차원에서 냉철하게 진단하고 대안도 함께 모색한다. 이러한 두 형태의 지적 공간을 통해 축적된 연구 성과는 연구소에서 발행하는 학술지에 게재하거나 단행본 시리즈인 종교문화총서로 발간해 왔다.

한국종교문화연구소는 연구자와 학계를 대상으로 하는 학술 활동만이 아니라 사회와의 소통도 매우 중시해 왔다. 이를 위해 알기 쉽게 풀어 쓴 에세이 종교학이나 이야기 종교학 형태의 교양도서들을 출판하였다. 오래 전에 발간한 『종교 다시 읽기』나 『종교읽기의 자유』, 그리고 '청년을 위한 종교인문학 특강'이라는 부제 하에 최근에 출판한 『우리에게 종교란 무엇인가』 등이 이러한 부류에 속하는 대표적인 책들이다. 이러한 교양도서들을 매개로 대중과 좀 더 직접적으로 만나는 장도 마련하였다. 청년이나 직장인, 노인을 대상으로 한 대중강연과 대중강좌가 여기에 속하는데 이러한 소통의 공간을 통해 연구자와 청중은 서로 배우면서 자기성찰의 기회를 얻을 수 있었다.

2008년 1월부터 한국종교문화연구소에서는 회원들에게 연구소 소식을 알리기 위해 뉴스레터를 발간해 왔다. 매주 발행하는 뉴스레터에는 연구소 동정만이 아니라 '종교문화 다시읽기'라는 글쓰기 코너를 마련하였다. 이 코너는 연구소와 관련하여 활동하는 다양한 필진이 돌아가면서 자신의 생각과 견해를 자유롭게 펼치는 공간이다. 책이나 영화에 대한 감상문 형식의 글에서부터 설거지나 산책을 하는 중에 떠오른 단상, 해외여행이나 현지답사 도중에 떠올린 생각, 사회적 이슈에 대한 간략한 시평, 논문이나 책을 집필하는 과정에서 떠오른 아이디어, 심지어 전공 공부와 관련된 지적 고민에 이르기까지 매우 다양한 소재와 장르의 글이 이 온라인 공간에 매주 실렸다. 이 글들 중 일부는 퍼 나르기를 통해 인터넷 공간으로 널리 확산되기도 하였다.

올해가 한국종교문화연구소 창립 30주년이 되는 해이기 때문에 작년부터 30주년 위원회가 구성되었다. 위원회에서는 뉴스레터에 실린 글들을 이번 기회에 책으로 엮어 내자는 제안이 있었고, 모두 흔쾌히 동의하였다. 그 즉시 편집위원회가 구성되어 출판 준비 작업에 착수하였다.

편집위원들이 그동안 실린 글을 전부 모아보니 필자는 50명이 넘었고 글은 500여 편에 달했다. 이 모두를 한권의 책에 담을 수는 없기 때문에 시리즈물로 발간하기로 하고 우선 1차분에 해당하는 원고만을 선별하였다. 이번 책에서는 가급적 많은 필자의 글을 싣는 것을 원칙으로 하여 필자 당 두 편을 넘지 않도록 제한하였다. 그 결과 최종 리스트로 확정된 것은 37명의 필자가 쓴 53편의 글이다. 10년 동안 뉴스레터로 발송한 500편의 글 중에서 10분의 1에 해당하는 글만 우선 실리게 된 셈이다. 편집위원들은 최종 선정된 원고들을 꼼꼼히 검토한 뒤 필자들에게 내용 수정과 보완을 요청하였다. 필자들이 보완한 원고를 편집위원회에서 다시 검토한 뒤 제목 수정을 비롯한 마무리 작업을 하고, 글의 성격과 내용을 고려하여 네 부분으로 나누었다. 시평에 해당하는 글들의 말미에는 발표 시점을 표기하여 독자의 이해를 돕도록 하였다.

이 책에 실린 글은 모두 에세이 형식으로 된 짧은 글들이지만 결코 그 내용이 가벼운 것은 아니다. 대부분의 필자가 오랜 학문 활동을 통해 기른 안목을 바탕으로 종교문화비평을 시도한 글들이기 때문이다. 이 책과의 만남을 통해 독자의 인식 지평이 확장되기를 기대한다.

이 책이 좀 더 좋은 모습으로 나올 수 있도록 힘써준 도서출판 모시는사람들에게 고마운 마음을 전한다.

2018년 5월
편집위원회를 대표하여 이진구

차례

이야기를
해야
알죠!

3부　단상

제1부

문화비평

전철 안에서

　머칠 전에 전철 6호선을 타고 가다가 흥미로운 광고를 보았습니다. 전철 안에서 다음과 같은 행위를 하는 경우에는 법에 의하여 조치를 하겠다는 일종의 공적인 광고였습니다. 해당 사항은 다음과 같았습니다.

　"상행위, 구걸, 선교, 소란 행위."

　전철 안에서 누구나 일상적으로 겪지만, 조금은 짜증나는, 그러면서도 연민을 자극하는, 그래서 때로는 자책감이 일기도 하는 일련의 행위들이 그대로 다 나열되어 있었습니다. 흥미로운 것은 그 사항들이 분명하게 등가적인 것으로 나열되어 있다는 사실입니다. 상행위=구걸=선교=소란.

　물론 그 현상들에 대한 '이러한' 인식이 정당한 것이라고 생각하지는 않습니다. 일반화할 수 있는 것은 아니라는 의미에서 그렇습니다. 하지만 적어도 특정한 공간 안에서 그것이 그렇게 간주되고 있다는 사실만은 부인할 수 없습니다. 그렇다면 '그러한 인식'이 아주 잘못된 것은 아닙니다.

　이러한 광고의 출현은 비록 그것이 지극히 한정된 특수한 상황에서 일어난 일이라 할지라도 오늘의 종교현실을 새삼스레 주목하게 합니다. 선교를 주어로 떼어 놓고 말한다면, 선교란 상행위이고, 구걸행위이며, 동시에 소란행위라는 서술이 가능하기 때문입니다. 종교가 바로 그런 소란스러움, 구걸과 다르지 않은 것, 상행위 이상도 이하도 아닌 것으로 치부되는 것입니다. 늘 하던 투로 말한다면 오늘의 우리의 일상 속에서 종교는 얼마나 철저하게 세속화되어 있는가를 이 광고는 그대로 드러내 줍니다.

사실 우리가 겪는 종교현실은 이에서 조금도 비켜나 있지 않습니다. 반드시 사회구조가 자본주의적이어서 그런 것이 아닙니다. 역사적으로 살펴보아도 종교는 그것이 이념이든 신념이든 초월을 근간으로 한 비일상적인 경험이든, 어떤 언어로 어떻게 묘사되든, 잉여가치의 추구를 한결같은 목표로 삼습니다. 종교가 나를 위해 모두 내주는 것 같은데도 실은 결과적으로 내가 모든 것을 다 바치는, 그런데도 나는 종교를 통해 상당한 이익을 누리며 산다는 자기만족을 느끼도록 하는, 그런데도 종교는 조금도 손해를 보지 않는, 오히려 더 많은 이런저런 이윤을 누리면서 스스로 크고 힘이 세고 끊임없이 이어가는 실체가 됩니다. 이거야말로 가장 현명한 상행위의 전범(典範)이 아닐 수 없습니다.

게다가 봉헌과 헌신과 복종으로 현실화되는 종교적인 삶의 태도야말로 종교를 주체로 할 경우, 그것이 가지는 온갖 아우라를 제거하고 남는 '구조'를 일상의 언어로 묘사한다면, 정확하게 그것은 '구걸의 성화(聖化)' 현상과 다르지 않습니다. 종교는 일반적으로 이를 '거룩한 의무'라고 하겠지만, 그러한 의무에 의해서 자기를 지탱하는 것이 종교에서 일컫는 궁극적 실재의 속성일 수 없음을 종교 자체의 자기 설명 논리를 준거로 유념하면, 이러한 의무 부과는 신의 작희(作戲)라고 할 수밖에 없을 터인데, 따라서 그러한 맥락 속에서 '순수'하게 말한다면 그대로 이는 구걸일 수밖에 없습니다. 그렇다면 종교란 또는 신이란 그의 구걸에 반응하는 연민에 의하여 겨우 지탱되는 현상이라고 할 수도 있을 듯합니다.

그런데 거래도 구걸도 그것은 쉽게 이루어지거나 소리 없이 진행되지 않습니다. 흥정과 티격태격 하는 일, 겨룸과 다툼, 갈등과 혼란이 필연적으로 수반됩니다. 받아 좋고 주어 좋은 결과가 왜 없겠습니까만 그것이 곧바로 이루어지는 것도 아니려니와 늘 지속할 수도 없습니다. 뿐만 아니라 감춰진 승자와 패자가 반드시 있기 마련입니다. 혼동과 머뭇거림과 절규와 체념과 의지와 승화, 그리고 자기와 또는 타자와의 투쟁은 필수적입니다. 소란은 상행위와 구걸의 속성입니다. 그러므로 소란스러움은 종교현상을 가장 직접적으로 묘사할 수 있습니다. 정적과 고요를 추구하는, 그리고 그것을 행하는 종교적 행위는 자신의 소란스러움을 세속의 속성으로 착각한 일종의 자기보상 행위일지도 모르겠습니다.

그 광고문을 읽고 되읽으면서 저는 하이퍼 점프를 거듭하는 제 사색의 흐름을 이렇게 좇고 있었습니다.

그런데 또 한편 이 문구는 성의 속화 현상만을 드러낸 것이 아니라는 생각이 들었습니다. 상행위는 오늘 우리의 삶에서 어느덧 구걸이고 소란한 것이면서도 동시에 선교 행위이기도 했습니다. 구걸도 다르지 않습니다. 그것은 곧 소란함이기도 하지만 오늘의 상행위이기도 했고, 소란도 그 구조를 들여다보면 그것은 상행위를 받쳐주고 구걸의 그늘을 가려주며 자신의 존재이유를 스스로 천명하도록 해주는, 어쩌면 선교의 가장 직접적인 모습이기도 했습니다.

그러고 보면 이는 속의 성화 현상을 그대로 보여주는 것이기도 합니다. 어떤 삶의 모습도 성 아닌 것이 없다는 것을 선포하고 있는 것이지요. 제 손자 녀석이 여섯 살 때 『Why 똥?』이라는 학습만화책을 읽더니 "똥이 이 세상에서 제일 좋은 거구나!" 하더군요. 그러고 보면 이 광고는 성/속이라는 것이 실재하는 것이 아니라, 존재를 읽는 인간의 의식이 짓는 하나의 현상의 이름이라고 하는 '인식'을 일깨워주는 것이라고 할 수도 있을 것입니다.

밖에서는 삶의 지극히 직접적인 현실 속에서 온갖 종교들이 그 삶이 직면한 문제를 가지고 그에 대한 어떤 인식이 마땅하고 옳으며, 그에 대한 실제적인 대처 방법은 어떠해야 하며, 그것을 책임질 나쁜 사람은 누구고, 바른 제도는 무엇이며, 넘어서야 할 이념은 어떤 것이어야 한다는 무성한 발언이 들립니다. 그 '절대적인 발언'들이 자꾸 전철 안의 광고와 중첩되면서 저는 짙은 아지랑이 속에 더 깊게 묻히는 것 같아 조금씩 두려워집니다. 그러면서 전철의 광고가 인류의 종교사가 보여주는 '진실'을 기막히게 요약해서 가장 현재적으로 보여주고 있다는 생각만은 지울 수가 없습니다. 상행위=구걸=선교=소란행위!

정진홍

파란색과 분홍색

　태어날 아기가 남자 아이라는 소식이 알려지고 나서 선물 받는 출산 용품은 대부분 파란색 위주다. 아들이라고 해서 특별히 전형적인 남아용품만을 선호하지 않는다는 입장을 주변 사람들에게 틈날 때마다 이야기했는데도 불구하고, 여전히 방에 쌓인 아기용품들 반은 파란색 계열이고 간혹 중성적 색깔로 분류되는 노란색, 흰색 등이 보일 뿐, 분홍색 계열은 전혀 찾아볼 수 없다. 흥미로운 것은 서구에서 남자아이 = 파란색 계열, 여자아이 = 분홍색 계열이라는 도식이 만들어진 것은 2차 대전 이후라는 점이다. 1차 대전 전까지만 해도 오히려 반대로 남자아이들이 분홍색 옷을 입었고 여자아이들이 파란색 옷을 입었다. 게다가 수 세기 동안 서구에서 어린아이들이 입던 옷은 남녀 할 것 없이 모두 드레스처럼 생긴 옷이었다(19세기 사진들에서는 남자아이인지 여자아이인지 옷만으로는 전혀 구별이 안 된다).

　남녀의 옷 구분이 확실하다고 생각하기 쉽지만 사실 그렇게 확실한 것이 아니다. 역사적, 지역적 차이에 따라 다르며 또 지금도 계속 달라지고 있다. 단지 구분 자체를 확실한 것으로 만들고자 하는 노력이 항상 같이 있어 왔던 것뿐이다. 어떻게 보면 사회가 옷에 배당한 젠더 규칙이 적용될 뿐, 옷 자체는 성별에 대해 아무것도 말해주지 않는 것 같기도 하다. 한 책에 실린 일화를 보면, 은퇴한 가톨릭 주교가 그동안 사용했던 전례복—장백의(長白衣), 띠, 영대(領帶), 개두포(蓋頭布)를 세탁소에 맡겼더니 나중에 세탁소 주인이 보내준 영수증에는 긴 드레스 하나, 끈 하나, 스카프 하나, 앞치마 하나 이렇게 적혀 있었다고 한다. 가톨릭의 전례복에 익숙지 않은 사람에게 그 옷들은 여자들이 입는 옷처럼 보였을 뿐이다.

그럼에도 불구하고 사회가 옷에 부여한 젠더 규칙 때문에 그 옷이 누군가에게 입혀지는 순간, 이는 곧 한 사람의 성별을 확인하는 가장 즉각적인 방법 중 하나가 된다. 그렇기 때문에 다른 성의 옷을 입는다는 것은 사회와 문화가 만들어 놓은 규범을 교란시키는 심각한 문제가 된다. 4세기 중반 소아시아 북부 강그라(Gangra)라는 도시에서 열린 종교회의에서 결의된 내용 중에는 여자들이 금욕주의라는 명분하에 여자의 옷이 아닌 남자의 옷을 입거나 머리를 남자처럼 자르는 것을 금지하는 항목이 있었다. 종교회의의 이 같은 결정은 당시 여성 수도자들 중에서 남자 같은 옷차림을 하는 이들이 꽤 있었다는 것을 입증해주는 것이기도 하다. 초기 그리스도교 교부들의 글에서 흔히 볼 수 있듯이, 여성성을 지나치게 강조하는 옷차림도 비판의 대상이었지만, 동시에 여자들이 '여자답지 못한' 옷차림을 하는 것 역시 교회는 엄격히 반대했다. 잔 다르크가 종교재판에 회부된 이유 중 하나는 그녀의 남장 때문이었다는 것도 기억해 볼 필요가 있다.

한편 5세기 말-7세기경에 이집트, 시리아 등지에서 유행한 남장여자 수도자들에 관한 이야기들에서는 그리스도의 삶을 따르기 위해 남장을 하고 남성 수도자들과 함께 살았던 여자들이 성인으로 추앙받는다. 대부분 이들은 세상으로부터 도망쳐 수도자가 되기 위해 남장이라는 수단을 택하고 남성 수도자들과 어울려 살아가다가, 뜻하지 않은 사건들, 주로 여성 신자들을 유혹하려했다는 혐의 등에 휘말려 마침내 그들이 원래 여자였다는 것을 밝히게 된다. 여성 수도자들이 남자처럼 차리고 다니는 것을 엄격히 반대하는 교회였지만, 이 특정한 이야기 전통에서 남장은 이들의 성인으로서의 삶을 더욱 돋보이게 하는 극적 장치로 사용된다. 나아가 여기서 남장은 텍스트 속에서 남성/여성이라는 이분법적 카테고리를 교란시키며, 젠더의 역전, 이중성, 모호함을 만들어내는 매개체의 역할을 하기도 한다. 남자 옷을 입은 여자 수도자들은 여전히 여자이지만 동시에 더 이상 여자가 아닌 성인=이상적 남자이다. 이들은 젠더라는 것이 이미 원래부터 정해져 있는 본질적, 고정적인 것이 아니라 마치 옷을 입듯이 매일 반복하는 수행일 뿐이라는 쥬디스 버틀러의 주장을 환기시킨다.

　그렇기 때문에 옷은 여전히 성별, 젠더를 이야기하는 데 있어서 중요하다. 젠더 정체성이 본질적인 것이 아니라 옷을 입듯 매일매일 반복하는 행위들을 통해 구성되는 효과일 뿐이라면, 무슨 옷을 입는가는 어떤 젠더의 역할을 수행하는가와 직결되는 문제이기 때문이다. 따라서 옷 자체는 성별에 대해 아무것도 말해주지 않는 것 같지만, 바로 그렇기 때문에 또한 이분화된 젠더 구분의 모호성을 드러내고 남녀라는 고정된 젠더축이 뒤흔들릴 수 있는 중요한 하나의 수단이기도 하다. 다른 성의 옷을 입는 것이 단지 취향의 문제로 가볍게 취급되지 않고, 사회질서와 종교 질서를 위협하는 것으로 생각되는 이유도 바로 여기에 있다.

태어날 아이에게 파란색 계열만을 고집하지 않겠다는 생각은, 최소한 어린 아이에게 사회가 미리 정해 놓은 젠더의 틀을 절대적인 것으로 강요하지는 않겠다는 내 소박한 의지일 뿐이다. 어차피 자라면서 사회화 과정 속에서 불가피하게 이분법적 젠더 구분에 따른 수많은 편견과 강요에 자연스럽게 노출되고 시달리게 될 텐데, 미리부터 서두를 것은 없지 않은가.

최화선

만화 한 편으로 본 종교문화

　3년 남짓 이런저런 종교학 강의를 해 오면서 내가 좀 는 게 있다면 영상물을 사용하여 학생들과 소통하는 요령일 것이다. 이 글에서 소개하고 싶은 것은 내가 매 학기 수업 시간에 쏠쏠한 효과를 보면서 사용하는 영상물인 〈사우스파크(Southpark)〉의 한 에피소드 "몰몬교인에 관한 모든 것(All about Mormons)"(시즌7 제12회)이다.

　이 애니메이션은 20분 조금 넘는 분량이기 때문에 다른 영상물에 비해 부담 없이 강의 시간에 활용할 수 있다. 20분 남짓 시청하고 30분 정도 이야기를 나누면 1시간 내에 많은 양의 정보와 의미가 전달된다. 무엇보다도 이 영상에 대한 학생들의 집중도는 최상급이다. 후기성도교회에 대해 아는 것은 고사하고 접해보지도 못한 학생들도 매우 즐거워하며 본다.

　이 작품을 대하면서 학생들은 몇 번의 반전을 경험하는데, 첫 번째 반전은 종교와 전혀 무관할 것이라고 생각하는 대중문화 한복판에서 진지한 종교 이야기를 만난다는 것이다. 그도 그럴 것이 원래 〈사우스파크〉는 욕설이 난무하는 거친 애니메이션이다. 그러나 후기성도교회에 대한 작가들(트레이 파커와 맷 스톤)의 관심은 매우 진지하다. 이들은 유타 주와 인접한 콜로라도 주에서 성장하면서 후기성도교인을 자주 만났고 여자 친구로 사귀기도 했다. 이들의 관심은 일회적인 것이 아니어서, 후기성도교회 선교사를 주인공으로 한 뮤지컬 〈몰몬경 (The Book of Mormon)〉을 제작하여 호평 받기도 했다. "몰몬교인에 관한 모든 것"에서도 짧은 상영 시간 내에 농축되어 있는 그들의 관심을 충분히 느낄 수 있다.

나는 이 작품에서 세 가지를 배울 수 있다고 학생들에게 이야기한다. 이 작품은 (1) 후기성도교회라는 낯선 종교문화를 가르쳐주고, (2) 종교라는 것 자체의 속성을 성찰하게 해주며, (3) 그 안에서 종교학의 자리를 생각하게 해준다.

이 작품은 주인공 스탠이 유타에서 전학 온 개리와 친구가 되어 집에 초대받으며 시작된다. 스탠은 개리 가족에게 조셉 스미스가 받은 계시 이야기를 들으며 흥미를 갖기도 하지만, 결국에는 이들의 믿음이 비합리적인 것이라고 여겨 받아들이지 않는다. 그 과정에서 후기성도교회에 대한 지식들이 놀라울 정도로 압축적이면서도 효율적으로 전달된다. 조셉 스미스가 모로나이 천사의 계시를 받아 책으로 출판한 과정과 계시의 대략적인 내용이 소개된다. 또한 화목하면서 다산적인 가정, 건전한 생활, 상대방에 대한 배려와 친절 등 후기성도교회의 특징적인 문화가 두드러지게 묘사된다.

그러나 이 작품은 후기성도교회라는 특정 종교집단에 대한 정보를 제공하는 데 그치지 않고, 종교 일반의 속성에 대해 생각하게 해준다. 이 대목에서 학생들은 두 번째 반전을 경험한다. 몰몬교라는 '이단'을 통해 '종교'를 알 수 있다는 대목이다. 후기성도교회는 한국에서는 이단으로 지칭되지만 신자수가 많은(종교인구 중 4위) 미국에서는 주류 종교로서 인식된다. 이 점에서 후기성도교회는 '이단'이 상대적인 개념이고, 교회 내부의 정치적 맥락에 의해 규정되며, 학술적인 개념이 아니라는 점을 학생들에게 설명하는 데 효과적인 사례이다. 이 작품을 본 학생들은 후기성도교회를 '이단'으로 밀쳐내기보다는 새로운 종교나 종파로서 종교를 이해하는 자료로 사용한다는 점에 동의해준다.

이 작품의 마지막 부분에 중요한 대사가 나온다. 비합리성을 이유로 후기성도교회를 거부하는 스탠에게 게리는 이렇게 쏘아붙인다. "사실 조셉 스미스가 이 모두를 꾸며낸 거라 해도 난 상관없어. 왜냐면 교회에서 가르치는 것은 가족을 사랑하고 친절하고 남을 도우라는 거니까. 다른 이들이 이 종교를 멍청하다고 생각해도 난 여전히 믿는 것을 선택할 거야." 이 대목은 종교가 증명되어야 하는 그 무엇이 아니라 '그럼에도 불구하도 믿는 것'임을 강하게 깨우쳐준다.

그리고 이 부분은 학생들에게 가장 중요한 세 번째 반전을 경험하게 해준다. 요즘 학생들은 종교의 비합리성을 비판하는 문화에 익숙해져 있기 때문에, 종교가 합리적 증명을 넘어선 사안이라는 사실이 신선하게 받아들여진다. 반면에 이미 종교를 신앙하는 학생들에게는, 기독교를 비롯한 다른 모든 종교에도 후기성도교회와 마찬가지로 비합리적인 대목이 존재함을 일깨워줄 필요가 있다.

이 작품은 후기성도교회 교리를 노래 가사 형식으로 전달하며 계속해서 "덤덤덤(dumb, dumb, dumb)"이라는 후렴을 붙인다. 말도 안 되는 것을 믿는다는 조롱조의 가사이다. 반면에 한 부분에서 이 교리에

합리적인 의심을 품는 부인이 등장하는데, 이때는 "스마트(smart)"라는 후렴구가 붙는다. 작품 내용과 직결되는 것은 아니지만 나는 학생들에게 종교학의 자리는 '덤덤덤'과 '스마트'의 사이에 존재한다고 소개한다. 교리에 대한 믿음을 따르는 태도와 이성을 준거로 믿음을 비판하는 태도 사이에서, 믿음을 그대로 따르지는 않으면서도 그 의미를 탐구하는 학문의 자리가 있다는 것이다.

방원일

도깨비의 노린내

"그때 나물을 따러 갔는디, 어디서 노린내가 심하게 나더라고. 그러
더니 쉬익쉬익 소리가 나고 누가 머리 끄덩이를 잡아 끄는디…."

1.

　고흥으로 이사온 지 40일 가까이 지났다. 같은 시대, 같은 나라 안에
서 거처를 조금 옮겼을 뿐이지만, 처음 한 달은 언어 습관, 생활 관습,
자연 환경 등 모든 것이 낯선 가운데 그야말로 혼돈의 나날이었고, 최
근에야 조금씩 자리를 잡아 가는 것 같다. 우리 집은 시골 마을의 가장
자리, 주로 혼자 사는 할아버지, 할머니의 집들 사이에 자리하고 있다.
어느 날 창밖으로 무슨 소리가 나서 나가 보니, 열린 대문(이 마을에서
는 낮에는 대문을 반드시 열어 두어야 한다. 대문을 열어 놓아야 '복'이 들어
온다고 한다. 이사 와서 마을 주민들로부터 제일 처음 들은 '충고'다.)으로
언제 들어오셨는지, 내년에 팔순이시라는 맨 윗집 할머니와 다른 마
을의 아주머니 한 분이 우리집 마당 이곳저곳을 둘러보고 촌평을 나
누고 계신다. 우리를 발견하신 할머니는 호박 세 덩이를 불쑥 내미시
고, 곧이어 마을에서 일어난 각종 사건들에 관한 이야기를 비롯하여
수많은 이야기들을 두어 시간에 걸쳐 쉬지 않고 생동감 있게 이야기

해 주고 가셨다. 땡볕에 서서 끝없이 이어지는 말씀을 듣느라 머리가 멍해진 상태에서도 유독 흥미로웠던 것은, 도깨비에 관한 할머니의 경험담 및 도깨비와 연관된 각종 사건사고에 관한 이야기였다.

화자인 할머니와 추임새를 넣는 아주머니의 말씀을 나름대로 정리해 보면, 이 일대에는 노린내가 유독 심한 장소가 있다고 한다. 공동묘지 근처를 비롯한 한적한 몇몇 장소인데, 그곳은 낮이든 밤이든 조심해야 하는 장소이며, 혼자서 돌아다녀서는 안 된다. 도깨비는 노린내로 자신의 존재를 알릴 뿐 아니라, 머리끄덩이를 잡아 끌고 물건을 밤새 두드리는 등, 물리적인 힘을 행사하기도 한다. 나아가 부주의한 사람은 도깨비에 홀려서 가장 끔찍한 방법으로 죽음에 이르게 된다.

아마도 지난 수십 년 동안 마을에서 실제로 일어났을 사건사고의 소식들은 '도깨비'라는 초자연적 존재에 관한 믿음과 뒤얽혀서, 생생하면서도 기이한 이야기로 펼쳐지고 있었다.

2.

낯선 '기이한 이야기'와 마주쳤을 때, 이에 대한 사람들의 반응은 다양하게 나타날 수 있다. 학자들은 기이한 이야기(현상)를 이해할 수 있는 것으로 만들기 위해서 또 다른, 더 넓은 의미 맥락에서 그 이야기(현상)의 자리를 다양한 방식으로 살펴왔다.

나는 최근 몇 년간 이른바 학술 명저들의 번역 작업을 수행하게 된 것을 기회로 삼아 인류학과 종교학의 초창기 주요 저작들을 정독하고 있다. 그런데 사실 초창기 인류학과 종교학의 상당 부분은 낯선 타자의 '기이한 이야기(혹은 현상)'를 어떻게 이해/설명할 것인가 하는 문제의식과 겹쳐진다.

약 145년 전에 출판된 타일러(E.B. Tylor)의 『원시문화』(*Primitive Culture*, 1871년 초판 발행)에는 내가 엊그제 할머니로부터 들은 도깨비 이야기와 위화감 없이 어울리는 동서고금의 갖가지 사례들이 방대하게 제시되어 있다. 그 책에서 타일러는 "하고많은 것 중에서 신화 연구에 필요한 것은 광범위한 지식과, 지식을 다루는 폭을 넓히는 일이다. 협소한 시야에 적합하게 이루어진 해석은 폭넓은 시야에 노출될 때 약점을 드러낸다."면서, '기이한 이야기'를 접할 때 가능한 대로 모든 시대, 모든 장소로부터 비슷한 사례들을 수집하고, 거기서 인간을 이해하기 위한 어떤 패턴을 발견하고자 했다. 잘 알려진 대로, 이러한 노력을 통해 인류 문명의 발달 단계에 대한 타일러의 이론이 펼쳐지게 된다. 타일러는 아마 도깨비의 노린내 이야기를 문명의 발달에서 하등한 단계에 속하는, "초기의 어린애 같은 상태의 인간 지성에 의해" 생겨난 믿음의 잔존물로 설명하지 않을까 싶다.

한편, 익히 알려진 대로, 지금으로부터 100여 년 전에 레비브릴(Lvy-Bruhl)은 실제의 경험을 정령이나 주술, 초자연적 힘의 작용으로 설명하는 사람들의 '기이한 이야기'를 '전논리적 심성'에서 비롯한 것으로 보았다. 그에 따르면, 그와 같은 '기이한 이야기'를 하는 사람들은 "그들에게 강한 인상을 남기는 모든 사건은 신비한 힘에 뿌리를 내리고 있다."고 믿고 있을 뿐 아니라, 그들은 "보이지 않는 정령들과 만질 수 없는 힘들과 정말로 함께 산다."(『원시인의 정신세계』) 그렇다면 레비브륄은, 도깨비의 노린내 이야기를 해 준 할머니와 아주머니는 "자연 속의 모든 대상과 존재는 신비한 참여와 배제의 망 속에서 서로 연루되어 있다."고 굳게 믿고 있는 전논리적 심성을 가진 사람들이라고 설명하지 않을까.

반면, 말리노프스키(B. Malinowski)는 어떤 기이한 이야기(현상)를 이해하기 위해 시간적으로나 공간적으로나 가능한 한 넓은 범위에서 가능한 한 많은 사례들을 수집해서 그 안에서 유의미한 패턴을 찾아내기보다는, 그 이야기(현상)가 속한 문화의 통합적 체계 속에서 그것이 수행하는 기능을 살피고자 하였다(『산호섬의 경작지와 주술』). 곧 기능적 총체로서의 문화를 염두에 두고 사실들 사이의 보이지 않는 상호연관성들을 찾아내야 한다는 것이다. 이와 같은 말리노프스키의 이른바 '기능주의'적 접근법과 위의 타일러나 레비브륄식 접근법 사이에는 중요한 차이가 있다. 말리노프스키는 맥락에서 떨어진 요소들을 조합한 이론은 무의미하다고 여겼고, 어떤 요소를 파악하기 위해서는 맥락 속에서 그 요소가 담당하는 기능을 보아야 하고, 또한 다른 요소들과의 관계를 파악해야 한다고 보았기 때문이다. 말리노프스키 식으로 접근하자면, '도깨비의 노린내' 이야기를 제대로 이해하기 위해서는 그 이야기가 등장하고 퍼지는 소규모 사회(우리 마을)에서 그것이 수행하는 기능을 총체적으로 살펴야 할 것 같다.

3.

2015년 가을, 한국 남도의 시골마을에서 살아가면서, 나는 여러 세대 전에 타일러와 레비브륄의 관심을 끌었던 이야기들, 말리노프스키가 설명을 추구했던 현상들, 그들이 물었던 다양한 물음들, 그리고 그들의 저마다의 대답을 새삼스럽게 다시 읽는다. 타일러나 레비브륄이나 말리노프스키의 저작들은 저마다의 이유에서 제각기 매혹적이다. 그러나 나는 (시간적, 공간적, 문화적, 심리적으로) '멀리 떨어진 그들'의 이야기를 평가하고 분석하는 냉정한 관찰자가 될 수 없다. 나는 그러한 이야기(의 주체들)를 이해하려 애쓰는 해석자인 동시에 그러한 이야기(의 주체들)와 함께 얽혀 살아가야 할 이웃이기 때문이다.

내게는 모자란 여러 가지 생존의 기술 및 자연과 이웃과 함께하는 삶의 축적된 '지혜'가 그러한 낯선 이야기와 관습의 외피를 입고 제시될 때, 나는 그러한 이야기와 관습을 어떻게 받아들여야 할까? 나누어 주고, 나누어 받고, 열린 대문으로 아무 때나 들어오고, 흙과 동식물과도 얽혀 살아가는 생활. 이것과 '도깨비의 노린내' 이야기를 떼놓고 생각할 수 있을까? 잊어버리고 있던 것들, '합리성'과 '개인주의'에 갇혀 잊어버리고 있던 것들을 문득문득 깨우치게 되는 순간들과 이러한 '기이한 이야기'는 분리될 수 있는 것일까? 무엇 하나 섣불리 대답할 수 없다. 지금으로서는 다만 사건사고의 사실들과 뒤얽혀 펼쳐진 기이한 이야기들이 내게 불러일으킨 '효과'--외진 곳에는 혼자 돌아다니지 않는다--를 응시하면서, 그 이야기가 수행하는 기능을 조심스럽게 짐작해 볼 뿐이다.

유기쁨

음악의 자리, 종교의 자리

　다큐멘터리 〈그 노래를 기억하세요〉(Alive Inside: A Story of Music and Memory, 2014) 속 치매 노인들은 자신이 누구인지도 기억하지 못하지만, 자신이 살아오면서 들었던 음악들에는 온몸으로 반응한다. 그들은 음악을 들으며 한때 자신의 감정을 동요시키고 몸을 움직이게 만들었던 순간을 기억해 낸다. 비록 그 음악의 이름도, 그 음악을 듣던 장소와 시간도 명확히 기억나지 않을지 몰라도, 그 음악에 반응했던 몸과 마음의 기억은 아직도 생생하게 살아있는 것이다.

　신경의학자 올리버 색스(Oliver Sacks, 1933-2015)는 저서 『뮤지코필리아』(Musicophilia, 2007)에서, 신경질환을 겪는 환자들이 다양한 방식으로 음악과 연결되는 사례들을 소개한다. 그중 어떤 이는 청력을 잃어 가면서 오로지 찬송가 환청만 계속 듣게 되기도 했고, 운동이상증에 걸린 어떤 이는 근육의 문제 때문에, 마치 유대인들이 몸을 움직이며 기도문을 읽듯이 박자에 맞춰 몸을 움직이다가 어느 순간에는 자신도 모르게 히브리어 기도문을 중얼거리기도 했다. 또한 의사소통이 불가능하고, 단지 유대인들이 기도문을 낭송할 때 사용하는 것과 유사한, 일정한 리듬의 알아들을 수 없는 말만 되풀이하는 한 치매 노인에게, 그가 반복하는 리듬에 맞춰 똑같은 리듬으로 말을 거니, 그 순간

만큼은 간단한 의사소통이 가능한 경우도 있었다고 한다. 다큐멘터리 〈그 노래를 기억하세요〉와 올리버 색스의 책은, 음악이 우리의 몸과 감각에 미치는 독특하고 강력한 힘을 새삼 깨닫게 해주며, 또한 그 작용 방식에 대해 질문하게 만든다. 음악은 어떻게 해서 우리의 몸과 마음속에 들어와 어디에 자리잡게 되는 것일까.

음악을 묘사하는 단어들 중에서는 '신비', '마법', '영혼의 울림' 등 종교적인 것과 연관된 단어들이 유난히 많다. 그리스 신화 속 최고의 음악가인 오르페우스는 '주술사(agurteuonta)'로 불리기도 하였으며, 플라톤으로부터 플로티누스, 아우구스티누스, 마르실리오 피치노에 이르기까지 음악은 신적인 하르모니아(Harmonia, 화음)와 관련지어 이야기되기도 했다. 또한 루돌프 오토는 음악이 우리의 마음속에 온갖 감정의 폭풍을 일으키지만, 이는 인간의 마음에서 비롯되는 것이 아니라, 마치 '성스러움'처럼, 우리의 밖에 있는 '전혀 다른 것'이라 생각했다. 이러한 논의에서 주술이든 신적인 하르모니아든 혹은 '전혀 다른 것'이든 간에, 음악은 외부의 무엇인가가 내면 속으로 들어와 일으키는 변화로서 파악되고 있다. 그렇기 때문에 이 변화가 어떻게 일어나는 것인지 살펴보는 것은, 음악이라는 대상 자체의 속성, 그리고 음악에 반응하는 우리 몸 속의 무엇에 대한 관심뿐만 아니라, 음악과 그것을 듣는 사람 사이에 존재하는, 혹은 그 둘을 둘러싸고 있는 시공간, 그리고 그 시공간 속에서의 관계에 대한 관심으로 전개될 수도 있다.

음악은 하나의 시공간 안에만 머물러 있는 것이 아니라, 이질적인 시공간들을 뒤섞는다. 이는 앞에서 든 예처럼 이전에 들어 본 음악들이 과거의 어느 시점과 장소를 소환한다는 의미에서뿐만 아니라, 음악을 듣는 순간 이미, 음악을 만든 이의 시공간과 연주하는 이의 시공간 그리고 듣는 사람의 시공간이 공존하는 경험이 이뤄진다는 점에서도 그렇다. 음악이 있는 곳에서 시간의 흐름과 공간의 고정성은 흔들리고 불안해지며 균열이 생긴다. 현대의 음악가들 중에는 이러한 음악의 이질적 시간 경험을 독특한 방식으로 극대화하는 사람들도 있다. 러시아의 작곡가 알프레드 슈니트케(Alfred Schnittke, 1934-1998)는 서로 다른 시간대의 음악과 기법을 연결시키는 일종의 음악적 꼴라쥬 작업을 통해 이질적인 시간 경험이라는 음악의 속성을 더 부각시키며, 에스토니아의 작곡가 아르보 패르트(Arvo Pärt, 1935-)는 단순함과 침묵을 통해 다가올 음에 대한 기대, 즉 음악적 현재와 미래의 시간 사이에 균열을 일으키며 이질적인 시간 경험을 가능하게 한다. 또한 음악은 이곳과 저곳에 동시에 존재하는 경험이기도 하다. 영국의 작곡가 존 태브너(John Tavener, 1944-2013)는 자신의 음악이 테메노스(temenos), 즉 성스러운 장소를 만들어 낸다고 말했는데, 이때 테메노스는 단순히 성스러운 음악이 울려퍼지는 공간이 아니라, 음악 자체를 뜻하는 말이다. 즉 음악이 장소가 되고, 음악을 듣는다는 행위는 그 장소 안에 들어가 그 상황에 전적으로 참여하는 일이며, 음악이라는 장소를 구성하는 이질적인 시간의 층위들을 모두 한꺼번에 경험하는 일이 된다는 것이다.

20세기 종교학에서 음악이 진지하게 논의된 적은 드물다. 종교 연구의 텍스트 중심적 태도를 비판하며 종교의 감각적 물질적 차원에 대한 주목을 요청한 '물질의 종교(material religion)' 연구에서도 음악은 거의 다뤄지지 않았다. 『물질의 종교의 주요 용어들』(*Key Terms in Material Religion*)에는 음악 대신 '소리(Sound)'라는 항목이 선택되었다. 분명 종교의 소리가 만들어내는 사운드스케이프(soundscape)에 주목하고, '소리'의 경험이 어떻게 생리학적인 것만이 아니라 역사적 사회적으로 구축되는 것인지 살펴보는 것은 중요하고도 흥미로운 일이다. 그러나 나는 여전히 이러한 '소리'에 대한 종교학적 논의 속에서 '음악' 역시 따로 다뤄질 필요가 있다고 생각한다. 음악이 이질적인 시공간을 한꺼번에 경험하게 해주며, 지극히 추상적인 것 속에서 지극히 개별적인 것들을 담아낸다는 점에서, 만약 우리가 음악의 자리에 대해 무언가 말할 수 있다면, 그것은 종교의 자리에 대해서도 이전까지 우리가 알지 못했던 무엇인가를 말해줄 것이라 생각하기 때문이다.

최화선

닭 치고 모스를 생각함

1.

얼마 전에 새 식구를 맞이했다. 가문은 오골계 씨, 청계 씨, 성별은 남자 하나와 여자 다섯. 이곳에서 알게 된 선배가 작년부터 닭을 주겠다며 집요하게 간청(?)하는 바람에 받아들인 식구들이다. 그간 닭집 짓는 일이 엄두가 나지 않아 미루어 왔었는데, 닭을 가져다 내 집에 풀어 놓아야 닭집을 지을 것 같다며 간청이 협박으로 바뀌는 바람에 마침내 새 식구를 맞이하기로 결심하게 되었다.

예상대로 새 식구를 맞이하기 위한 작업은 만만치 않았다. 비용도 비용이지만, 낡은 비닐하우스를 새롭게 단장하고 그 안의 주거지와 밖의 놀이터를 위해 철망을 치는 일은 내게는 너무 어려운 일이었다. 어쩌랴, 이럴 때는 도움을 청해야지. 그런데 농번기라 농사꾼들에게 손을 빌리기에는 너무 염치가 없고, 생각다 못해 이곳에서 알게 된 학교 선생님 두 분께 도움을 구했다. 직업만 교사일 뿐 반은 농사꾼인지라 작업은 착착 진행되었고, 점심을 같이 하자며 불러낸 전문 농사꾼이 얼떨결에 합류하는 바람에 새 식구들이 살 넓고 쾌적한 공간이 마련되었다.

2.

이러한 호의에서 경제적 이윤이나 사적 이익의 동기를 찾아내려는 사람은 없을 것이다. 이 사람들은 자기 이익의 추구나 자신의 좋은 평판을 위해서 내게 그러한 호의를 베푼 건 아니다. 오히려 이들의 호의는 '측은지심(惻隱之心)'의 자연스런 생성을 말하던 맹자의 이야기를 떠올리게 한다. 사실 애초에 주겠다는 마음을 내지 않으면 되고, 직장 일로 바쁘다며 도움을 거절해도 무리는 없다. 내게는 내어줄 재화나 기술도 없고, 내 자신이 사람의 평판을 좌지우지할 만한 사회적 지위에 있지도 않기 때문이다. 한가로이 노니는 닭들을 바라보며 잠시 마르셀 모스(Marcel Mauss)를 떠올린 건 그 때문이다. "무엇이 그들의 마음(물건)을 타자에게 향하게 하는 것일까?"

> '하우'는 부는 바람이 아닙니다. 그러한 것이 결코 아닙니다. 예를 들어 당신이 어떤 특정한 물품(타옹가)을 갖고 있어 그것을 나에게 준다고 가정합시다. 또한 당신이 그것을 일정한 대가도 받지 않고 나에게 준다고 합시다. 우리는 그것을 매매하지 않습니다. 하지만 내가 이 물품을 제3자에게 주면, 일정한 시간이 지난 다음 그는 나에게 '대가(utu)'로서 무엇인가를 주려고 마음먹고, 나에게 무엇인가(타옹가)를 선물합니다. 그런데 그가 나에게 주는 이 '타옹가'는 내가 당신한테서 받았으며 또 내가 그에게 넘겨준 '타옹가'의 영(하우)입니다. 나는 (당신한테서 온) '타옹가' 때문에 내가 받은 '타옹가'를 당신에게 돌려주지 않으면 안 됩니다. … 만일 내가 이 두 번째 '타옹가'를 갖

는다면, 나는 병에 걸리거나 심지어는 죽게 될지도 모릅니다. 이러한 것이 '하우', 즉 개인 소유물의 '하우', 타옹가의 '하우', 숲의 '하우'입니다.

- 『증여론』, 이상률 역, 한길사, 2002, 66-67쪽.

모스는 마오리 족의 선물과 답례의 교환체계의 중심에서 기능하는 물건의 영, '하우'에 주목했다. 근대 자본주의의 시장에서 물건(생산물)은 죽은 사물에 불과하다. 물건뿐만 아니라 인간의 감정과 몸짓도 하나의 매매 대상으로 간주하고, 따라서 사람조차 사물로 셈하는 오늘날 경제중심주의자들의 시각에서 물건의 영을 이야기하는 마오리 족은 영락없는 '원시인'에 불과하다.

여기서, 모스는 왜 그러한 토착민의 증여체계에 관심을 두었는지가 궁금해진다. 단지 모스가 활동하던 무렵 서구 학계에서 새롭게 등장한 민족지학(民族誌學, Ethnography)적 관심에서 비롯된 것일까? 데이비드 그레이버(David Graeber)는 이 물음에 대한 하나의 해답을 제시한다. 그에 의하면, 모스는 이론적 담론이나 심오한 철학을 통해서만이 아니라 일상적 실천이나 관습을 통해서 드러나는 '도덕법칙'을 다루려고 했고, 선물과 답례의 증여 방식은 그 하나의 사례였다는 것이다. 그의 다음 이야기는 더욱 귀에 솔깃하다.

『증여론』을 통해 모스가 시도한 것은 결코 사람과 물건, 이기주의와 이타주의, 자유와 의무의 엄격한 구분과 함께 등장한 시장 논리가 어떻게 근대 사회의 상식으로 자리 잡았는지에 대한 설명이 아니다. 오히려 그의 목적은 그런 논리가 어떻게 이 사회의 상식으로 자리 잡는 데 실패했는지를 보여주는 것이었다고 할 수 있다.

-『가치이론에 대한 인류학적 접근』, 서정은 역, 그린비, 2009, 351쪽.

모스는 근대적 시장 논리가 실패할 수밖에 없는 주된 요인으로 도덕적 토대가 없는, 생산자와 그들의 생산물과의 엄격한 분리와 임노동 체계의 자본주의 시장경제가 품고 있는 내적 모순에 주목했다. 노동의 대가로 지불되는 임금은 '생산성'과 '이윤'을 고려한 셈법일 뿐, 일의 과정에서 사물에 깃드는 노동자의 정신과 감정, 그리고 노동자 삶 전체를 고려한 셈법은 아니다. 이에 대해 모스는 "인간이 계산기라는 복잡한 기계가 된 것은 그리 오래된 일이 아니다."라고 언급하면서 이익과 손실의 셈법에 의해 자신과 타인을 지배하는 '경제적 인간'(사회적 부유층)에게 사회 구성원의 안녕과 행복을 위한 '고귀한 지출'을 요구한다. 그는 자본주의 시장 논리가 횡행하는 근대 사회에 필요한 것은 사회 구성원의 생명, 건강, 교육, 가족, 그리고 가족의 장래에 대한 배려가 동반되는 '증여의 경제'라고 보았다. 곧 인간답게 살 수 있는 사회를 형성하기 위해서는 공리주의적 경제법칙의 비도덕성에서 벗어나 '덤'과 '공유'에 기초한 증여경제의 도덕성이 중요하다는 것이다. 왜냐하면 사회 구성원은 자신이 '충분한 이익'을 공유하지 못하면서 노동을 제공했다는 사실을 깨닫는 순간에 자신들의 사회를 지배하는 경제 체제와 그와 관련된 법률 전체에 도덕적 반감을 갖게 되기 때문이다.

모스의 이러한 생각에 대해 그레이버는 다음과 같이 보충한다; "임노동 체계에서 노동자는 분명 자신의 전부, 즉 '그의 생활과 노동' 일체를 제공하지만 그 대가로 받는 현금은 결코 자신이 제공한 가치에 상응하지 못한다. 누군가가 자신의 삶 전체를 제공한다면 그것을 제공한 사람의 삶 역시 누군가에 의해 총체적으로 보장받을 수 있어야만 하기 때문이다."

모스의 시각에서 마오리 족이 말하는 물건에 깃든 영, 하우는 경제적 교환에 도덕적 의미를 부여하는, 엄밀하게는 도덕적 토대 위에서 경제적 행위가 이루어지게 하는 종교적 장치이다. 물건의 하우는 증여자, 혹은 최초 생산자의 하우(영, 정신)로서 원래의 소유자에게 돌아가려는 욕망을 지니고 있고, 그러한 욕망이 방해를 받을 때 물건의 소유자에게 질병과 죽음을 안겨줄 수 있기 때문이다. 그러므로 누군가에게 선물을 받은 사람은 그에 상응하는 선물(답례)의 행위를 누군가에게 행해야 할 의무로 갖게 된다. 모스는 토착민의 증여–교환의 사례를 살펴보면서 이러한 증여의 범주에는 물건만이 아니라, 예의, 향연, 의식, 군사적 봉사, 춤, 축제, 동산과 부동산 등 다양한 행태가 있음을 제시한다. 증여–교환의 도덕적 경제체제에서는 사회 구성원 모두가 자발적으로 타자를 위해서 무언가를 기꺼이 내어 주어야 한다.

3.

모스에 대한 생각이 요즘 '일자리 추경예산'으로 떠들썩한 정치권에 대한 생각으로 이어졌다. 비정규직의 정규직화와 공무원 증원은 비효율적이며 세금 낭비라는 주장과, 고용 안정과 청년의 일자리 창출을 위한 재원 마련은 반드시 필요하다는 주장이 맞붙고 있는 형국이다. 이에 대해 모스의 논의를 따라가며 든 생각은, 현시점에서 깊이 숙고할 부분은 공정한 분배와 이타적 경제를 위한 도덕적 경제 원리의 수립과 실천이 아닌가 한다. 그와 함께 엉뚱한 상상의 나래를 펼쳐 본다. 증여–교환의 범주에 일(직장)도 포함되면 우리 사회는 어떤 사회로 전환될까? 당연히 이 생각은 경제적 동물의 셈법으로는 남이 힘들게 차린 밥상에 자기 숟가락을 얹겠다는 심보로 헤아려지겠지만, 기탁할 곳 없는 사람들에게 옆자리를 조금 내어주고 차별하지 않는 그런 세상에서는 '누구나' 자존감을 지키면서 평온한 삶을 누리는 행복을 조금은 누릴 수 있지 않을까 하는 기대에서 떠올려 본 것이다.

4.

노니는 닭들을 바라보는데 문득 둥지에 놓인 달걀이 두 개 보였다. 입가에 미소를 지으며(그러나 미안한 마음으로) 달걀을 집어 들고 돌아서는데, 마침 동네 어른 한 분이 지나간다. "한 개 드세요. 방금 낳았네요." 이제 얼마간은 닭과 닭집의 하우에게 미움을 받는 일은 없겠지, 내 마음을 담아 드렸으니.

박상언

로마교, 런던교, 이교, 열교

올해(2017)는 '종교개혁' 500주년이다. 그래서 그런지 올해는 기독교 관련 기사와 논의가 기독교계만이 아니라 일반 언론에도 빈번히 소개되는 것 같다. 한국은 종교개혁의 두 당사자인 천주교와 개신교가 막강한 교세를 자랑하고 있다. 따라서 요즈음 천주교는 천주교 나름대로, 개신교는 개신교대로 자신의 역사를 되돌아보고 앞으로의 방향을 모색하는 것으로 보인다.

그러면 현재 한국 천주교와 개신교의 관계는 어떠한가? 둘 사이의 관계를 측정하는 하나의 방법은 상대방에 대한 호칭을 검토해 보는 것이다. 친구나 연인, 선후배 사이와 같은 인간관계의 경우 서로 어떤 호칭을 사용하는가를 보면 둘 사이의 관계를 어느 정도 가늠해 볼 수 있다. 종교집단의 경우에도 호칭을 검토하면 어느 정도 그 관계를 엿볼 수 있지 않을까? 그런데 상대방에 대한 이름 짓기는 의식적이건 무의식적이건 항상 자기 자신에 대한 이름 짓기를 수반한다. 따라서 둘 사이의 관계를 면밀히 검토하기 위해서는 자기에 대한 명명과 타자에 대한 명명을 동시에 살필 필요가 있다.

현재 우리나라의 천주교인은 대체로 개신교인을 '개신교 신자'나 '개신교인'이라고 부르고, 개신교인은 천주교인을 '천주교 신자'나 '천주교인'이라고 부른다. 그런데 처음부터 이렇게 불렀을까? 해방 이전으로 거슬러 올라가 보자. 시기에 따른 편차가 있기는 하지만 해방 이전 천주교가 자신을 가리키는 용어로 주로 사용한 것은 '성교(聖敎)'와 '진교(眞敎)', '가톨릭'과 '천주교'다. 말 그대로 '성교'는 거룩한 가르침에 근거한 성스러운 종교라는 의미이며, '진교'는 진리에 근거한 참 종교라는 뜻이다. 실제로 해방 이전에는 『성교요리문답』, 『성교감략』, 『진교자증』, 『진교절요』 등과 같은 천주교 서적이 널리 유통되었다. 주지하다시피 '가톨릭'은 '보편적'이라는 의미를 지닌 희랍어에서 기원한 것으로서 기독교 역사 초기부터 'the holy catholic church'라는 표현을 통해 전승되어 온 용어다. 이와 달리 '천주교'는 로마 가톨릭교회가 한자문화권에 선교되는 과정에서 라틴어 'Deus'가 '천주'로 번역되는 것과 맞물려 탄생한 용어다. 따라서 한국 천주교는 초기부터 자신을 지칭할 때 '가톨릭'과 '천주교'를 자연스럽게 병용해 왔다.

그러면 당시 천주교는 개신교를 어떻게 지칭했는가? 가장 많이 사용한 명칭은 '열교(裂敎)'다. 이 용어는 유일하게 참된 교회인 천주교를 '찢어 놓은 교회' 혹은 '찢겨 나간 교회'라는 의미만이 아니라, 천주교로부터의 분파 이후에도 그 안에서 다시 무수한 세포분열을 일삼는 교회, 즉 분열을 '본성'으로 하는 분파적 집단이라는 냉소적 의미가 강하게 들어 있다. 따라서 이 용어는 로마가톨릭교회의 '단일성' 이미지와 대비되면서, 개신교 교파의 '다양성'을 공략하는 전략적 수사로 활용되었다고 볼 수 있다.

그런데 당시 천주교는 개신교 교파들이 '예수교(耶蘇敎)'라는 명칭

을 사용하는 것에 대해 매우 심기가 불편했다. 왜? 천주교 입장에서
볼 때 '예수교'라는 명칭은 '천주교'와 사실상 동일한 위상과 의미를 지
닌 용어로서 '참된 교회'만이 사용할 수 있는 용어이다. 그런데 참된 교
회인 천주교에서 떨어져 나간 '열교' 집단들이 그처럼 성스러운 명칭
을 사용하는 것은 사실상 '참칭'이다. 천주교는 서구의 예를 들면서 이
러한 문제제기의 정당성을 확보한다. 서구에서는 개신교 교파들이 스
스로를 지칭할 때 장로교, 감리교, 회중교회처럼 교회조직의 원리에
근거한 명칭이나 루터교처럼 교파 창시자의 이름을 딴 명칭을 사용할
뿐이다. 개신교 교파들을 통칭할 경우에는 프로테스탄트 혹은 프로테
스탄티즘이라는 용어를 사용한다. 스스로를 가리킬 때 '감히' '예수교'
와 같은 명칭을 사용하지는 않는다는 것이다.

그러면 동아시아의 개신교 교파들은 왜 '예수교'라는 용어를 사용한
것인가? 주지하다시피 가톨릭 선교사들보다 한자문화권에 뒤늦게 진
출한 개신교 선교사들은 천주교와의 차별화를 위해 '예수교'라는 명칭
을 선택하였다. 그들이 '프로테스탄트(protestant)'에서 파생한 '갱정교'
라는 용어보다 '예수교'라는 용어를 선택한 것은 서구 기독교 역사에
대한 전이해가 부족한 동아시아 사회의 특수한 상황을 고려한 것으로
보인다. 즉 '저항'이나 '반항'의 의미가 들어 있는 '프로테스탄트'보다는
신앙의 대상인 '예수'를 직접적으로 드러내는 '예수교'가 선교전략상
유리하다고 판단하였기 때문이다.

이와 유사한 맥락에서 당시 천주교는 '성공회(聖公會)'라는 용어에
대해서도 문제를 제기하였다. 열교 집단의 하나에 불과한 영국교회가

동아시아 사회에서 '성공회'로 자칭한 것을 비판한 것이다. 문자로 보면 성공회는 'the holy catholic church'의 한자 표기로서 '성스러운 공교회'를 의미한다. 그런데 천주교의 입장에서 볼 때 이 세상에 존재하는 '성스러운 공교회' 즉 '성공회'는 천주교 하나뿐이다. 따라서 성스러운 공교회에서 떨어져 나간 열교 집단은 이 명칭을 사용해서는 안 된다. 영국 혹은 런던에서 시작된 열교에 대해서는 '영국교' 혹은 '런던교(倫敦敎)'라고 불러야 마땅하다는 것이다. 이는 성공회를 국지화시키는 수사 전략이다.

해방 이전 천주교는 다른 기독교 교파들을 지칭할 때 열교와 함께 '이교(離敎)'라는 용어도 사용하였다. 여기서 말하는 '이교(離敎)'는 타 종교, 즉 '이교(異敎)'가 아니라 '참된 교회'로부터 갈려 나간 교회들로서 희랍정교회와 러시아정교회를 가리킨다. 그러면 이교와 열교의 차이는 무엇인가? '이교'는 초대 교회의 근본 교리와 의례를 그대로 유지하지만 교황의 권위(베드로수위권과 교황무오성)를 인정하지 않는 반면, 열교는 교황의 권위를 인정하지 않을 뿐 아니라 초대 교회의 근본 규례마저 자의적으로 변경한 교회들이다. 이처럼 이교는 열교보다는 천주교에 가깝지만 그리스도의 후계자인 교황의 권위를 인정하지 않기 때문에 참된 교회에서 벗어난 것으로 간주된다.

지금까지는 천주교의 입장을 중심으로 살펴보았는데 개신교는 자기 자신과 천주교를 어떻게 호명했는가? 앞서 언급했듯이 해방 이전 개신교가 자신을 지칭하던 대표적인 용어는 '예수교'였고 '갱정교'라는 용어를 간헐적으로 사용하였다. 그리고 어느 때부터인가 '기독교'라는 명칭을 사용하기 시작하였다. 따라서 해방 이전 개신교 교파들은 교단명칭을 표기할 때 예수교장로회, 기독교감리회, 예수교성결교 등처럼 '예수교'나 '기독교'를 앞에 두고 자신의 교파 명을 붙였다.

그러면 당시 개신교는 천주교를 어떻게 불렀는가? 가장 빈번하게 사용한 명칭은 '로마교(羅馬敎)'이다. 여기에는 미국 선교사들이 커다란 역할을 한 것으로 보인다. 잘 알려져 있다시피 미국은 건국 초기부터 개신교가 주류 종교를 차지하였고, 소수파인 천주교는 반천주교 운동 등에 의해 적지 않은 억압과 탄압을 받았다. 그러한 과정에서 천주교를 비하하는 '로마주의(Romanism)'라는 용어가 확산되었다. 로마주의는 교황제도로 대변되는 로마가톨릭교회의 특수한 성격을 비난하는 부정적 용어로 사용되었다. 최초의 내한 선교사의 한 사람인 언더우드는 천주교가 '그리스도'를 전하지 않고 '로마'를 전하고 있다고 비판하는가 하면, 천주교를 '로마주의의 형태로 변질된 기독교'라고 비난하였다. '마리아교'나 '우상교'라는 용어도 천주교를 비판할 때 단골로 등장하는 용어였다.

앞에서 언급했듯이 오늘날 천주교는 열교(개신교), 런던교(성공회), 이교(동방정교회) 등의 용어를 거의 사용하지 않으며, 개신교 역시 로마교라는 용어를 더 이상 사용하지 않는다. 타자에 대한 호칭에서 부정적 의미를 지닌 용어를 철회하였다는 점에서 천주교와 개신교의 상호 인식은 상당한 정도 성숙한 것으로 보인다. 그런데 자기 자신을 가리키는 용어에서도 그러한가?

현재 천주교는 자신을 가리킬 때 '가톨릭교회'라는 용어를 '천주교'

와 함께 사용하는데 이미 언급했듯이 '가톨릭교회'라는 용어는 '보편교회'를 의미한다. 거의 모든 기독교 교파가 함께 사용하는 『사도신경』에 등장하기 때문에 이 용어는 로마가톨릭교회만이 아니라 성공회, 동방정교회, 개신교에도 적용되는 용어라고 할 수 있다. 따라서 학계에서는 천주교를 가리킬 때 '가톨릭교회' 대신 '로마가톨릭교회'라는 용어를 선호한다. 그런데 우리나라 천주교의 경우 스스로를 지칭할 때 '로마가톨릭'이라는 말보다는 그냥 '가톨릭'이라는 말을 더 많이 사용하는 것 같다. 편의상 '로마'라는 글자를 생략하는 것인지 아니면 우리 교회만이 진정한 (가톨릭)교회라는 무의식적 전제가 작동하는 것인지 궁금할 때가 있다.

한편 한국 개신교는 스스로를 지칭할 때 '개신교'라는 용어보다는 '기독교'라는 용어를 훨씬 더 많이 사용한다. 누구나 알고 있듯이 '기독교'라는 용어는 동방정교회, 로마가톨릭교회, 개신교 등을 포괄하는 '총칭'이다. 따라서 학계에서는 개신교를 가리킬 때 '기독교' 대신 '개신교(Protestantism)' 혹은 '개신 기독교(Protestant Christianity)'로 표기한다. 서구의 경우에는 개신교인들이 스스로를 지칭할 때 프로테스탄트라는 말을 일반적으로 사용하는 것 같다. 그런데 한국의 개신교는 '개신기독교' 대신 '기독교'라는 말을 선호한다. 편의상 '개신'이라는 글자를 생략하는 것인지 아니면 우리교회만이 진정한 기독교회라는 무의식적 전제가 작동하는 것인지 궁금할 때가 있다.

이진구

조상숭배와 종교학, 그리고 피에타스

　설이 지났다. 수많은 사람들이 가까운 혹은 먼 길을 달려 정해진 목적지로 향하는 풍경은 여전하였다. 이날 얼마나 많은 인구가 조상 차례에 참여하였는지는 분명하지 않다. 하지만 제물 준비 과정에서 빚어지는 가족 구성원들 간의 갈등이 사회적인 이슈로 부각되는 현상을 보면 아직도 적지 않은 가계가 이 오래된 의례를 무시하지 않고 있다고 짐작할 수 있다. 특별히 가정에서 전통적인 방식으로 번거롭게 차례를 지내지 않는 가족이라도 조상을 모실 수 있는 길은 얼마든지 있다. 아마도 이런 방법을 활용하면 설 연휴 기간 동안 조상들에게 죄송한 감정을 느낄 필요 없이 해외로 가족 여행을 떠날 수도 있을 것이다.

　주지하는 바와 같이 조상숭배(ancestral worship)는 종교학에서 다루는 중심 주제 가운데 하나이다. 사실 이 개념은 인류학자나 민속학자들도 중시하였다. 한국의 학계로 좁히면 종교학자보다는 이들이 쌓아 올린 연구 성과가 더 많다. 자료를 검색하면 한국의 종교학자들이 조상숭배에 그다지 많은 관심을 기울이지 않았다는 사실을 부인하기 어렵다. 외람된 표현일지 모르겠으나 최근 들어 필자는 이 점을 매우 유감스럽게 생각하기 시작하였다.

　동아시아 전통 사회에서 조상숭배는 유교, 불교, 도교처럼 하나의 독립된 종교는 아니었지만, 이들 종교의 경계를 넘어서 광범위하게 확산되어 있었다. 조상숭배는 특정 종교의 독점물이 아니라 모든 종교에 속한 것이었으며, 심지어 그러한 종교가 효력을 발휘하지 않는 곳에서도 나타났다. 조상숭배는 너무 익숙하고 자연스러운 것이어서 특별히 의식하지 않으면 그 존재가 눈에 띄지 않았던 종교 전통이었다. 하지만 조상숭배는 동아시아 세계를 구성하였던 기본 원리로서, 유교, 불교, 도교 등과 같은 개별종교들이 뿌리를 내릴 수 있었던 토양이 아니었을까. 만약 이러한 판단이 그릇되지 않다면 그동안 한국 종교학계에서 다른 주제에 비하여 상대적으로 조상숭배를 소홀히 취급하였던 태도는 단순히 우연에서 비롯되었음에 틀림없다.

그런데 조상숭배는 근현대 한국종교를 연구하는 학자들에게도 매력적인 주제로 다가오지는 않았던 것 같다. 가령 현대 한국사회에서 기독교나 불교, 신종교를 전공으로 채택한 경우는 많아도, 특별히 조상숭배에 관심을 보인 종교학자는 찾아보기 힘들다. 하지만 오늘날 한국의 종교 상황에서 조상숭배가 차지하는 비중은 무시할 수 없다고 본다. 이러한 조상숭배 전통의 존재방식은 전통 시기와 비교할 때 많은 차이가 있을 것이다. 그럼에도 개별종교의 안과 밖으로 사회 저변에 광범위하게 확산되어 있다는 사실만큼은 공통적이지 않을까 추측한다. 부정할 수 없는 현실은 조상숭배의 범주로 묶을 수 있는 종교현상이 한국사회에 존재한다는 점이고, 이에 대한 규명은 종교학자로서 간과할 수 없는 문제라는 점이다. 이 문제가 해결되지 못한다면 현대 한국 종교에 대한 이해는 불완전한 상태에 머물게 될 것이다.

마이어 포티스(Meyer Fortes)는 아프리카 탈렌시(Tallensi)인들의 조상숭배를 연구하는 과정에서 피에타스(pietas)라는 개념을 제출한 바 있다. 그는 탈렌시 사람들이 보여준 모종의 행위를 지칭하기 위하여 특별히 라틴어 피에타스를 동원하였다. 피에타스는 우리의 효(孝)에 해당하는 개념으로서 살아 있는 부모와 죽은 조상들을 위하여 자식으로서 반드시 지켜야 하는 의무를 말한다.

그런데 피에타스가 나온 배경을 살펴보면 의외의 사실이 드러난다. 포티스에 따르면 피에타스는 부모자식 간의 애정이 아니라 잠재적 갈등 상태에서 형성된 것이다. 부계 혈통을 따르는 친족 구조에서 부자 관계는 잠재적인 갈등과 대립의 상황에 놓일 가능성이 높다. 아버지가 소유한 모든 권한과 권위는 언젠가는 그의 계승자인 장자에게 넘어가겠지만, 아버지가 생존해 있는 동안에는 갈등의 원천으로 작용한다. 아버지와 아들은 소유물을 놓고 경쟁하는 것이다.

피에타스는 이러한 잠재적 갈등이 현실화되는 것을 막고, 궁극적으로는 아버지의 소유물이 아들에게 원활하게 이양되도록 돕는 기제이다. 아버지의 소유물은 원래 조상들로부터 받은 것이기 때문에 조상을 향한 피에타스는 부자 간 소유권 이전에 윤활 작용을 할 것이다. 또한 아들은 살아 있는 아버지를 향한 피에타스에 충실함으로써 부자 간의 갈등을 잠재운다. 결국 피에타스는 탈렌시인들의 친족 및 사회 구조를 유지하는 데 중요한 요소로 작용한다.

포티스는 과학기술문명이 최고도로 발달한 현대사회에서도 피에타스가 행해진다고 말한다. 그는 1961년 당시 인류 최초로 우주비행에 성공했던 소련의 유리 가가린 소령을 예로 든다. 가가린은 비행 직전 '이 전대미문의 임무를 완수하기 위한 힘'을 얻기 위하여 모스크바의 붉은 광장에 안치된 레닌 무덤을 찾았다. 최근 한국은 피에타스가 정치적으로 효력을 발휘한 대표적 사례를 경험하였다. 딸이 20여 년간의 장기집권 끝에 죽은 아버지를 향하여 보여준 피에타스는 절대적인 것이었다. 그가 얻은 권력은 살아 있는 유권자들로부터 위임 받은 것이었으나, 본질은 아버지의 것이었다. 왜냐하면 그의 지지자들이 그의 죽은 아버지를 향해 보여준 피에타스 역시 그의 피에타스와 본질적으로 다를 바 없었기 때문이다.

임현수

고양이, 봄, 그리고 '성스러운 생태학'

1.

시골로 이사온 지 반 년이 지났다. 조금씩 계절의 변화에 민감해진다. 가령 고양이만 해도 그렇다. 우리 동네에는 고양이가 많다. 그런데 봄이 되니 훨씬 더 자주 눈에 띈다. 지난 여름에 처음 우리 집으로 찾아온 '나비'를 필두로 대략 여섯 마리의 고양이들이 오며가며 우리 집에 들르는데(편의상 이름을 붙여 주었다. 나비, 까망이, 어미, 얼룩이, 포스, 예쁜이), 저마다 개성이 뚜렷하다. 도시에서 살 때도 아파트 단지 안에 길고양이들이 많았고, 나름 이름을 붙여주기도 하고 먹을거리를 챙겨주기도 했지만, 아무래도 고양이들을 자세히 관찰할 시간도 여유도 없었던 것 같다. 그런데 지금은 굳이 고양이들을 관찰하려고 따로 시간을 낼 것도 없이, 그냥 고양이들은 우리 마을의 또 다른(인간 이외의) 주민일뿐더러, 열린 대문으로 가끔씩 찾아오시는 동네 할머니들보다 더 규칙적으로 자주 만나는 내 생활의 일부가 되어 버렸다.

그렇지만 봄을 가장 먼저 알려주는 것은 무엇보다도 다양한 식물이다. 도시생활에서는 접하기 어려웠던 크고 작은 각종 식물의 '개성'을 마당 안에서, 근처 산책길에서 더 자주 접한다. 봄이 되면 겨우내 안 보이던 갖가지 식물들이 갑자기 존재를 온몸으로 드러내는데, 머위,

민들레, 곰보배추, 부추, 돌나물, 광대나물을 비롯해서 이름을 알 수 없는 초록이들로 마당이 뒤덮인다. 살아 있기는 한가 싶던 가시오가피와 동백, 감나무, 매화나무에도 새순이 움트니 놀랍다. 느리지만, 주변의 수많은 생명들에 대해서 조금씩 더 알아가면서 적응하고 있다. 물론 마을사람들이 보기에는 어리숙한 '서울촌놈'들의 생명 감수성이란 개탄스러울 정도로 모자라지만 말이다.

2.

인간 이외의 생명체들의 '살아 있음'을 인지하고 생태계의 변화에 민감해지는 것. 흔히 생태적 감수성이라 일컬어지는 태도인데, 오늘날 적지 않은 생태주의자들은 인류의, 나아가 지구의 지속가능한 미래는 인간의 시들어 버린 생태적 감수성을 되살리는 것과 불가분 연결되어 있다고 주장한다. 문명의 생태적 변화를 위해서는 개인적 수준에서부터 변화가 필요하고, 이를 위해서 생태적 감수성을 회복할 필요가 있다는 것이다. 이러한 생태적 감수성은, 자연에 밀착해서 살아가는 사람들이라면 '자연스럽게' 습득할 수 있는 것으로 여겨진다. 하지만 인간을 위주로 주위 환경이 구획된 도시에서는 아무래도 인간 이외의 생명체의 변화에도, 생태계의 변화에도 무뎌지기 십상이다.

이와 관련해서 생태문제에 관심을 가진 많은 사람들 사이에서 생태적 감수성의 계발을 '영성'과 관계된 문제로 보려는 흐름이 형성되고 있다. 생태문제가 일찍부터 가시화된 서구사회에서는 물론이고 한국사회에서도, '영성 회복'이야말로 생태문제의 해결을 위한 핵심적 열쇠라는 주장이 생태주의자들 사이에서, 그리고 생태적인 변화를 모색하는 제도종교 안팎에서 광범위하게 나타나고 있는 것이다.

생태영성을 통해 생태적 변화를 모색하는 흐름은 다양한 주체에 의해 매우 다양한 방식으로 전개되어 왔는데, 내용의 강조점에 따라 가령 고양이 같은 주위의 동식물 생명체들을 개별적인 영적 존재들로 여기면서 각각의 살아 있음에 민감해지는 소위 '애니미즘적 영성'에서부터, 지구 생태계 전체를 신성한 영적인 존재로 여기는 이른바 '가이아 영성'에 이르기까지 광범위한 스펙트럼을 나타낸다. 그렇지만 근대 과학적 지식의 한계를 지적한다는 점에서는 공통적이다. 생태영성의 고양을 위한 장치로서 종교적/영적인 강렬한 느낌과 동기를 만들어 내는 다양한 의례와 신화가 활용되는 점도 주목할 만하다. 이처럼 일부 생태주의자들을 중심으로 점점 확산되는 다양한 생태영성 회복의 프로젝트들은, 생태적 위기에 직면해서 일종의 '성스러운 생태학'을 소환하는 흐름으로 일컬어질 수 있을 것이다.

세계 각지에서 나타나는 이와 같은 성스러운 생태학의 소환 현상과 관련해서, 학자들의 반응은 다양하다. 성스러운 생태학의 소환에 적극적으로 참여해 온 학자들도 있지만, 이를 일종의 전 지구적 종교현상으로 보고 연구를 진행한 학자들도 있다. 예를 들어, 종교학자 브론 테일러(Bron Taylor)는 여러 사례를 분석한 결과를 토대로, 영성생태론자들이 종교계에 미치는 영향 및 그들 자신이 새롭게 일으키는 종교현상이 생태적으로 긍정적인 효과만 거두는 것은 아니라고 보고, 이를 '어두운 녹색 종교(dark green religion)'라고 비판적으로 지칭하였다.

근대 과학적 지식체계와 대비되는 성스러운 생태학의 지적 토대에 주목한 연구들도 있다. 가령 해양과학자이자 과학철학자인 버크스(Fikret Berkes)는 크리족(캐나다 원주민)의 고기잡이를 현지에서 연구했던 경험을 바탕으로, 근대 과학에서 소외된, 흔히 신화나 종교 등의 형식으로 표현되어 온 토착민들의 생태계에 관한 지식을 '성스러운 생태학'이라고 명명하고, 이를 적극적으로 재평가하고자 한다. 팀 잉골드(Tim Ingold)에게 영향을 받은 인류학자인 케이 밀턴(Kay Milton)은 '감정의 생태학(Ecology of Emotion)'을 제안하면서, 세계(자연)에 대한 우리의 이해가 문화에 의해서만 형성된다는 인류학계의 주류 이론을 비판하고, 인간의 직접적인 (생태환경) 경험의 중요성을 강조한다. 특히 그는 감정이 환경과 우리를 연결하는 기본적인 생태적 메커니즘이라고 제안하면서, 자연과 하나가 된다거나 자연을 성스럽게 느끼는 경험 등 이른바 성스러운 생태학에서 중요시하는 주요 주제들을 새로운 각도에서 조명한다는 점에서 주목할 만하다.

3.

생태적 위기 의식이 심화되면서, 지속 가능한 미래를 위해 변화가 필요하다는 데 모두가 동의한다. 그런데 '어떠한 변화를 일으켜야 하는가?', '그 변화를 어떻게 일으킬 것인가'라는 물음에 대한 대답은 다양하다. 어떻든, 생태적 위기에 직면해서 제기되는 다양한 물음들과 변화의 모색들은 결국 '인간을 어떻게 이해할 것인가'라는 기본 물음과 긴밀히 연결되어 있다. 레이첼 카슨은 1960년대에 환경오염의 심화로 인한 '침묵의 봄'을 이야기했지만, 생태적 파국에 대한 불안이 사라진 온전한 봄이 찾아오기까지, 근대 과학적 지식의 한계를 넘어서는 '성스러운 생태학'에 대한 사람들의 다방면의 관심은 줄어들지 않을 것 같다.

유기쁨

조선시대의 부정청탁

김영란법이 최근(2016년 8월--편집자 주)의 주요 이슈 중 하나이다. 이 법은 정확하게는 '부정 청탁 및 금품 등 수수의 금지에 관한 법률'이다. 부정 청탁이나 금품 수수 등은 꽤 오랜 역사를 지닌 사회 행위이다. 우리 사회에 이러한 관행들이 얼마나 깊이 들어와 있는지는 이 법의 시행을 놓고 장기 경기 침체를 우려하는 것을 보고 짐작할 수 있다.

조선시대 국가 제사에 관한 자료를 찾다 보면 예상치 못한 곳에서 청탁이나 금품 수수의 모습을 만난다. 의외로 관리들이 제관 차출을 면하기 위해서 담당 관원에게 청탁을 시도하였다. 조선후기 중앙 정부에서는 1년에 300건이 넘는 제사를 거행하였다. 이러한 제향에 필요한 헌관과 집사자들은 이조전랑(吏曹銓郞)이 관리들 중에서 차출하였는데, 많은 관원들이 이러한 제관의 업무를 맡지 않으려고 하였다. 제관에 차출되면 의정부나 정전(正殿)에 모여 서계를 행하고 대사(大祀)인 경우 7일간, 중사(中祀)인 경우엔 5일 동안 재계(齋戒)를 해야 했다. 그리고 제향 전날에는 향소에 나아가 잠을 자며, 새벽부터 일어나 제향을 거행해야 한다. 무엇보다도 먼 향소(享所)까지 이동해야 하는 어려움도 있었다. 이런 부담을 지기 싫어서 이런저런 이유로 차출을 면하고자 하였다. 정당한 이유가 아니었기에 뇌물이 필요하였다.

그런데 차출을 면하려는 관원들은 자기 돈을 쓰지 않고 자기 권력을 이용하여 자금을 마련하였다. 영조는 구체적으로 '공물(貢物)을 다루는 아문의 관원'들이 공인(貢人)에게 침징(侵徵)하여 제관을 변통하게 한다고 탄식하였다. 1787년에 그와 유사한 사건이 발생하였을 때 정조는, "풍요한 관사[腴司]는 아래로부터 뇌물을 주어 번번이 모면하지만 쇠잔한 관사[殘司]는 힘없이 앉아서 제관에 차출되길 수차례 한다."(『祭膳錄』)라고 하였다. 유사(腴司)와 잔사(殘司)로 구분한 정조의 언설을 통해 관사들의 불평등을 분명히 볼 수 있다. 그리고 뇌물의 자금이 개인의 부가 아니라 직무와 연관해서 생긴 것을 알 수 있다. 당시 풍요한 관서(官署)로는 호조, 선혜청, 사복시(司僕寺) 등이 있었다.

한편, 아무리 선혜청 같이 공물을 전담하는 풍요한 관서라고 할지라도 소속 관원들이 매번 제관에서 빠질 순 없을 것이다. 청탁이 통하지 않는 경우도 있을 것이다. 하지만 제관 차출에 나아가게 되면 이들과 공인들의 관계가 끝나는 것이 아니었다. 제관에 차출된 관원은 적합한 제복을 갖추고 향소에 나아가야 하는데 이때에 필요한 것들을 공인들에게 요구하였다. 공인들은 관청에 필요한 물품을 대신 구입하여 바치는 어용상인들이다. 대동법 이후 백성들은 쌀로써 세금을 바치면 각 관청에서는 이것을 가지고 필요한 물품을 공인에게 의뢰하여 구입하였다. 공인의 물품 구매자이자 '영원한 갑'이었던 관서의 관원들은 구매의 대가로 필요한 것을 요구하였다. 그리하여 마치 이러한 외부의 지원이 없으면 공무를 수행하지 못할 것 같은 착각이 들 정도로 관행이 되었다.

그렇다면 쇠잔한 관사의 관원들은 어떤 모습이었을까? 앞서 언급했
듯이 많은 관원들이 제관에 차출되는 것을 좋아하진 않았다. 이러한
현상들은 고위직, 특히 문신들 사이에서 두드러졌기 때문에 권력을
이용하여 차출에서 빠져나갔다. 그들의 빈자리는 잔사의 관원, 무관,
실직이 없는 자, 나이 든 사람들로 채워졌다. 그들은 정결한 의복을 갖
출 여력이 없었으며 먼 길을 걸어서 가는 경우도 있었다.

　조선시대 국가 제사의 대부분은 국왕의 명을 받은 관리가 섭행(攝
行)으로 수행하였다. 이때 제관은 궐내에서 국왕이 서명한 축문을 향
(香)과 함께 받아서 향소(享所)로 나아가 제사를 거행한다. 국왕의 서
명이 있는 축문은 이를 받들고 가는 신하에게 국왕의 권위를 실어주
는 증표이다. 역으로 국왕의 권위는 그의 명을 받은 제관을 통해 발휘
될 것이다. 그것은 한 개인의 재력으로 해결할 것이 아니고, 관직을 이
용한 금품으로 해결할 것은 더욱 아니다. 1776년에 이종영이란 사람
이 향관에게도 국가에서 말을 지급할 것을 건의한 것처럼, 공적 업무
에 대한 인식과 체계가 필요할 것이다. 제사는 국가의 큰 행사였고, 신
과의 만남이었기 때문에 성스러운 것이다. 너무나 성스러운 것이기에
부정이 많았던 관리들이 감히 제관에 참여하지 않으려고 한 것은 아닐
것이다. 권력 아래 있는 사람들을 부리기에 익숙한 사람, 대접받기에
익숙한 사람들의 몸을 놀리기가 귀찮았기 때문일 것이다. 편안함을 버
리고 불편함을 감수하며 자기 변혁을 하는 것은 예나 지금이나 어려운
일이기에 외부 사람들이 질책과 감시함으로써 도와야 할 것이다.

이욱

BC와 AD

　BC가 'Before Christ', 그리고 AD가 'anno Domini(in the year of our Lord)'라는 것을 대부분의 사람들은 알고 있다. 우리말로 BC는 (서력)기원전, 그리고 AD는 (서력)기원후로 번역한다. 사실 뜻 그대로라면 BC와 AD는 각각 주전(主前)과 주후(主後)로 번역되어야 한다.

　불교는 불기(佛紀), 원불교는 원기(圓紀)를 사용한다. 대순진리회, 천도교, 대종교, 통일교 등 다른 종교들도 물론 나름의 연호(年號)가 있다. 기독교에는 '기기(基紀)'라는 용어가 적절할지 모르겠다. 대체로 기독교문화권인 서구에서는 '기기'를 사용한다. 사실은 '기기'인데 우리는 '기기'를 '서기(西紀)'로 번역해서 사용해 왔다. 이제는 서기라는 용어가 마음에 들지 않아서 그런지 서력기원전과 서력기원후 대신에 그저 기원전, 기원후로 표기한다. 재미있다. 그러나 그래도 심각한 문제가 여전히 남는다.

　BCE와 CE는 각각 'Before Common Era'와 'Common Era'의 약자이다. 이 용어는 아마도 유대인들이 먼저 사용했을 것으로 추측된다. 유대교에서는 예수를 메시아로 간주하지 않기 때문에 BC와 AD를 도저히 사용할 수 없었을 것이다. 종교학에서 재빨리 이 용어를 받아들였다. 아는 사람은 다 안다. 종교학자들은 일찍부터 BC와 AD 대신에

BCE와 CE를 사용한다. 종교학 관련 서적에 BCE와 CE가 있어야 할 자리에 BC와 AD가 있으면 그 책은 종교학 서적이 결단코 아니다.

필자가 무슨 말을 하려는지 눈치 빠른 독자들은 벌써 알아차렸을 것이다. 예전에 우리는 단기(檀紀)를 사용한 적이 있다. 그것이 불편하다고 언제부터인지 서기(西紀)를 사용한다. 일본은 소화(昭和) 몇 년으로 표기해서 괴롭히더니, 이제는 평성(平成, 원년이 1989년) 몇 년으로 표기한다. 그래도 소화 몇 년에는, 그것에 25를 더해서 그 해가 언제인지 알 수 있었다. 그런데 평성 몇 년은 그것이 언제인지 이제는 알려고 하지도 않는다.

우리나라에서는 삼국시대와 고려시대까지만 해도 독자 연호를 주로 썼는데, 조선시대에는 중국 왕조의 연호를 주로 썼다. 그러다 고종 말기에 건양(建陽)이라는 독자 연호를 다시 쓰기 시작하여 광무(대한제국, 고종) 융희(순종)의 연호를 사용하다가 일제 강점기가 되면서 일본의 연호를 쓰게 된다. 해방 이후 우리는 한동안 단군 연호를 썼으나 1962년 이후에는 서기연호를 사용하고 있다. 일본은 지금도 왕조가 유지되고 있기 때문에 여전히 왕(천황)의 재임에 따르는 연호를 쓰고 있다.

중국은 재미있다. '공력기원(公曆紀元)', '공력(公曆)', '공원(公元)'과 같은 용어를 사용한다. 공원전 몇 년, 공원후 몇 년이라고 한다. 언제부터 중국이 이런 용어를 사용했는지는 모르겠다. 아마도 그들은 '서기'가 '기기'였음을 일찍이 간파하였던 것 같다. 그리고 그들에게는 '기기'도 '서기'도 마음에 들지 않았을 것이다. 그래서 '공기(公紀)'라는 말을 만든 모양이다. 그들이 유대교와 종교학에서 힌트를 얻은 것인지, 또는 우연히 만들었는지는 모르겠다. 하여간 재미있고 멋있다.

이제는 역사학 하는 분들이 생각 좀 바꾸었으면 한다. 역사교과서에서 '기기'와 '서기'가 사라져서, BC와 AD라는 표기를 더이상 보지 않았으면 좋겠다. 불교하는 분들이 (유교적인) 태극기를 바라보면서, (기독교적인, 또는 기독교 친화적인) 애국가를 부르는 모습은 애처롭다. 불교사 관련 연구서적에서 BC와 AD라는 글자를 종종 본다. 물론 기독교 이외의 다른 종교 관련 연구서적에서도 심심찮게 볼 수 있다. 마찬가지이다. 아주 많이 애처롭다.

강돈구

과학자들이 새로운 흥미를 발견한 것, 종교

저명한 자연과학 학술지인 『네이처』(*Nature*)에 〈인간되기Being Human〉라는 제목의 시리즈로 여덟 개의 에세이가 2008년 10월부터 2009년 2월에 걸쳐 실렸다. 이 시리즈의 제목에서 알 수 있듯이 이 에세이들은 과학에서 보았을 때 인간의 고유한 특성이라고 간주되는 주제들을 다루고 있으며, 그중 첫 번째가 바로 종교다. 특히 언어보다도 종교가 더 먼저 선택되었다는 점이 흥미롭다.

『네이처』 편집진이 선정한 주제를 게재 순으로 나열하면 다음과 같다. ① 종교, ② 언어, ③ 갈등, ④ 관대함, ⑤ 이주, ⑥ 사랑, ⑦ 친족, ⑧ 공학. 많은 과학자들이 『네이처』에 실린 글과 논문에 항상 주목한다는 점을 고려한다면, 편집진은 주제를 선정하고 순서를 결정하는데 상당히 신중을 기했을 것이라 추측할 수 있다.

첫 주제인 종교에 관한 글은 인지종교학의 표준모델을 제시한 파스칼 보이어(ascal Boyer)가 썼다. 이 에세이를 읽는 주요 독자들이 인지종교학에 대해 거의 알지 못하거나 전혀 들어보지 못한 과학자들이라는 점을 고려해, 보이어는 2001년 출간된 『종교, 설명하기』(*Religion Explained*, 이창익 역, 동녘사이언스, 2015)에서 다루었던 내용을 요약해서 소개했다. 그는 반직관적인 행위자가 개입되었을 때 이야기가 기억되기 쉽기 때문에 구전 전통에서 신 개념이 기억에 쉽게 침투했다는 것, 사회를 구성하는 것이 생존의 주요 과제였을 때 종교를 통해 그것에 성공할 수 있었다는 것 등을 얘기한다.

여기서 나는 보이어의 주장을 자세히 소개하지는 않겠다. 그보다는 왜 『네이처』 편집진(그들 대부분은 각자 분야에서 유명한 과학자들이다)이 〈인간되기〉라는 시리즈를 기획했으며, 그중에서도 왜 종교를 가장 먼저 선택했는지에 주목한다. 먼저 왜 『네이처』 편집진은 이 시리즈를 기획했을까? 첫 에세이를 게재했던 2008년 10월 23일자 455호의 편집자의 글에서 밝히고 있듯이, 편집자들은 이 시리즈를 통해 자연과학 입장에서 인간을 이해하고, 사회학 생물학 심리학 인류학 경제학 등에서 얻은 성과들을 공유하는 기회로 삼고자 했다. '통합, 통섭, 융합, 학제간'이라는 용어로 통용되는 시도였다. 이에 따라 편집자들이 선정한 필자들은 과학자들이거나, 과학에 우호적이면서 그 방법론을 공유하는 경제학자, 인류학자, 종교학자다. 다른 한편에서는 에드워드 윌슨의 『통섭』(Consilience)이 학문간 경계 넘기의 모범 사례로 논의되기도 했지만, 과학을 중심에 놓고 인문학 사회과학 예술 등을 자연과학으로 환원하여 설명한다고 비판을 받기도 했다. 시리즈 편집자들은 윌슨의 주장을 고려하면서도, 인문학 사회과학 연구도 이제는 자연과학자들과 함께 논의할 수 있는 장을 마련하려고 했다.

두 번째로 왜 『네이처』 편집진은 종교를 가장 먼저 선택했을까? 과학자들이 사용하는 주요 도구는 방법론적 유물론 또는 물질적 관점이다. 현상에는 원인이 있고, 그 원인은 물리적 실체에 근거해야 한다.

이 도구를 이용해 중력파도 확인하고, 힉스입자도 발견했으며, DNA 이중나선도 밝혀냈다. 그런데 편집진이 보기에 그 도구를 적용하기 어려운 것이 종교이며, 그렇기 때문에 종교가 인간이 다른 모든 생명체와 구별되는 핵심 지점이라고 생각했다. 아무런 근거도 없고 의미도 없어 보이는 의례를 반복적으로 실행하고("신이 명령했기 때문에 하루에 몇 번씩 특정한 방향을 향해 절을 해야 한다고? 기도할 때 손으로 십자 모양을 그려야 하거나, 가슴을 세 번 쳐야 한다고? 그 행동의 원인과 물리적 실체를 전혀 찾을 수 없군."), 전지전능한 신이 모든 인간사를 알고 있고 그것을 의도했다는 주장("허리케인 카트리나가 뉴올리언스를 무너뜨린 것이 신의 진노 때문이라고? 그건 허리케인이 강력했기 때문이고, 책임자들이 적절한 조치를 취하지 않았기 때문이야.")을 과학자들은 납득하기 어렵다.

그러나 인류가 등장한 이래 종교는 모든 시기와 장소에서 존재했다는 점, 과학기술이 발전한 21세기에도 여전히 번성하고 있다는 점이 자연과학자들에게는 풀기 어려운 주제다. 하지만 보이어가 설명했듯이, 인지종교학 관점에서 본다면 종교도 충분히 설명 가능하고 과학의 도구를 이용해 연구할 수 있다. 대표적인 연구로 하버드대학교 인간진화생물학과 교수인 조셉 헨리히(Joseph Henrich) 연구팀이 2016년 『네이처』에 발표한 논문「윤리적인 신, 초자연적 처벌과 인간 사회성의 확장 Moralistic gods, supernatural punishment and the expansion of human sociality」(*Nature* 530, 2016, pp. 327-330)을 들 수 있다. 초자연적 존재가 인간을 지켜보고 있고 처벌할 수 있다고 인간이 인식할 때, 더 이타적으로 행동했다는 것이다. 초자연적 존재에 대한 생각과 믿음이 사회를 구성하는데 기여했다는 게 이 논문의 메시지다. 이 주장을 입증하기 위해 연구팀은 전 세계 다양한 문화에서 게임이론(경제학의 주요 연구 도구)을 통해 데이터를 얻고 분석했다. 이처럼 종교도 다른 과학 분야에서 사용하는 동일한 방법과 도구를 이용해 연구할 수 있으며, 과학자들도 새롭게 종교에 흥미를 갖게 되었다.

박상준

비밀스러움과 성스러움

  한국사회에서 종교는, 긍정적인 의미에서든 부정적인 의미에서든 하나의 성역으로 대우받고 있다. 늘 어디서나 접할 수 있는 것이 종교이지만, 그것에 대한 논의는 지극히 제한되거나 폐쇄되어 있다. 처음 만난 사람에게 종교와 정치에 대해 물어보는 것은 예의가 아니라는 말이 있는 것처럼, 종교는 종교를 믿는 사람들에게만 해당되는 것으로 여겨진다. 그리고 종교는 종교 밖의 다른 주체에 의해서 논의되거나 재단될 수 없는, 사회와 동떨어진 독립된 영역으로 여겨진다. 이처럼 우리 사회에서 종교는 늘 개방적인 논의와 대화가 차단됨으로써 잘 알 수 없는 미지(未知)의 영역으로 간주된다. 그래서 기괴한 음모와 비리들이 발생하고 수구적인 종교권력도 생긴다.

  종교는 반드시 믿음을 전제로 해서만 인지 가능하며, 종교 밖의 논의를 통해서는 파악이 불가능하다는 종교 불가지론(不可知論)은 종교에 대한 탈사회문화적 관점을 전제한다. 이는 종교를 인간 사회와 문화 밖에 존재하는, 다른 것과 무관하고 하나의 자족적인 이념 또는 문화 실체로 보는 것이다. 또 종교는 개인의 내면세계 깊숙한 곳에 자리잡고 있어서, 혹은 인간에 의해 도달할 수 없는 저 높은 곳의 하늘나라와 같은 신비의 세계에 존재하는 것이기에 인간의 언어로서는 서술되거나 인지될 수 없다는 주장도 마찬가지다. 이때 종교는 그야말로 세속과 다른 성역이 된다.

종교에 대한 이러한 성역화는 건강한 종교의 발전을 위해서도 사회문화의 발전을 위해서도 결코 바람직하지 않다. 밀폐된 공간에서는 이성과 희생보다는 본능과 탐욕이 판을 칠 가능성이 많기 때문이다. 종교에 대한 다양한 논의가 공개적으로 이뤄질 때 종교권력의 음모와 비리가 사라질 것이며, 종교도 사회문화도 그만큼 투명해지고 건강해질 것이다. 종교의 성스러움은 인간에게 감동을 주는 인간적 가치가 내재해 있어서 성스러운 것이지 종교 그 자체가 음모적이고 비밀스럽기 때문에 성스러운 것은 아니다.

종교는 개인적인 경험이나 믿음과 관련되지만, 한 개인의 경험이나 믿음 자체가 종교는 아니다. 종교란 바로 그러한 개인적인 경험이나 믿음이 외적으로 표현된 것을 말한다. 그것은 언어적 주장으로 표현될 수도 있고, 의례와 같은 행위의 형태로 표현될 수도 있다. 아니면 종교단체처럼 사회집단으로 표현되기도 하고, 수많은 종교 예술품처럼 예술적 활동을 통해서 표현되기도 한다. 이처럼 종교는 종교적 경험과 믿음이 언어이든, 행위이든, 사회이든, 예술이든 모두 경험적인 현상으로 표현된 것이다. 따라서 종교인이 아니라도 종교에 대한 객관적 인지와 공적인 논의는 얼마든지 가능하다.

마찬가지로 종교는 신과 같은 절대적이고 초월적인 실재나 존재와 관계 있지만, 절대적 실재나 존재 자체가 종교는 아니다. 종교는 그러한 절대적이고 초월적인 실재나 존재에 대한 인간의 발언, 그와 관련된 인간의 활동과 행위이다. 그것은 관찰될 수 있고 서술 가능하다. 이런 점에서 종교는 인간의 사회문화적 활동의 소산이다. 그리고 종교에 대한 관심과 연구는 바로 이같이 종교적이라고 불리는 특정의 인간 활동을 대상으로 한다. 이처럼 종교는 인지 가능하고, 논의와 대화가 가능한 객관적인 현상일 뿐만 아니라, 나아가 그것에 대한 좀 더 적극적인 인식과 논의가 필요한 문화적 현상이다.

현대사회에서 종교는 그냥 내버려 두면 자연스럽게 문제가 해결될 것이라고 생각하기가 쉽다. 그러나 그렇지가 않다. 어느 한 사회집단의 문화와 삶은 해당 사회집단의 종교 활동에 좌우되는 경우가 많다. 문화의 측면에서도, 종교는 문화의 핵심으로서 특정 사회의 문화를 이해하는 주요한 통로가 된다. 예컨대 한국문화와 한국인의 사고방식을 이해하고자 할 때 한국사회의 종교 이해를 빠뜨릴 수 없을 것이다. 한국의 중요 문화재 대부분이 종교 관련 문화재라는 사실도 한국사회에서 종교가 차지하는 문화적 비중을 잘 보여준다.

이렇게 본다면, 종교는 아무리 세속사회라고 하더라도 사회 전체의 측면에서나 개인적인 삶의 차원에서나 아직도 중요한 위치를 차지하고 있으며, 종교의 향방은 그 사회에 큰 영향을 끼칠 수 있다. 현재도 한국사회에서의 종교는 진보와 보수의 이념을 제공하는 원천이 되고 있으며, 또 2005년 사학법 개정 저지나 최근 비영리 복지법인법의 개정 방향을 좌지우지하는 것과 같이 결정적인 영향력을 행사한다.

한국의 종교적 상황은 어느 종교도 헤게모니를 장악하지 못하는 종교 다원 상황을 보여준다. 이런 종교 상황은 긍정적 가능성과 부정적 가능성을 아울러 갖고 있다. 종교는 사회를 안정시키고 통합하는 역할도 하지만, 정반대로 사회 갈등의 원인으로 작용할 수도 있는 것이다. 관용과 자비, 사랑과 같은 종교적 가르침을 통해 사람들이 서로 이해하고 하나가 되도록 하기도 하지만, 서로 다른 종교적 주장으로 인해 종교가 오히려 갈등의 씨앗이 되기도 한다. 이러한 종교의 양면성은 한국의 다종교 상황과 맞물려 정치권력의 종교 편향은 물론 우리 사회문제를 아주 복잡한 양상으로 몰고 갈 수 있다.

한국사회는 동서양의 고전적인 전통종교와 민족주의 성향을 가진 전통적인 자생종교, 그리고 다양한 외래 종교를 포함하여 50여 개 종교, 500여 교파가 존재하는 다종교 사회이다. 이러한 다종교 상황이 앞으로 서로 화학작용을 일으켜 새로운 문화창조의 기틀이 될지, 아니면 한국사회의 대립과 분열의 원인이 될지는 미지수이다. 그러므로 종교에 대한 사회 전체의 관심과 아울러 객관적이고 공적인 논의가 더욱 더 필요하다. 그렇게 할 때만이 우리의 삶과 문화가 더욱더 건강해지고 풍요롭게 될 것이기 때문이다.

윤승용

제**2**부

시평

우리는 어떤 티벳을 말하고 있는가

누가 보아도 호감을 갖게 마련인 리처드 기어의 손목에는 항시 염주가 걸려 있다. 그는 여기저기를 다니며 자신이 열렬한 티벳 불교 신자임을 선전한다. 또한 달라이 라마가 세계 각지를 누비며 설법은 물론 각종 평화 행사에 참여하는 사실은 잘 알려져 있다. 그분이 나타나는 곳에는 각양각색의 인종들이 모여든다. 간화선에 식상한 한국의 불자들이 그런 모임의 큰 몫을 차지하는 것은 물론이다.

많은 사람들이 등짐을 지고 불적지를 순례한 후 라닥이나 네팔을 거쳐 티벳 망명정부가 있는 다람살라를 찾는다. 그곳에서 달라이 라마를 친견하고 그분에게서 정신적(종교적) 감화를 받는다. 그리고 이런 여행을 끝낸 다음 이 순례객들은 적지 않은 양의 순례기와 여행담을 쏟아내고 있다.

티벳과 연관된 이런 지역을 다녀온다는 일은 이국적 정취를 맛보기 위한 여행과는 전혀 다른 의미가 있다. 그래서 우리의 일상과는 다른 세계가 있다는 것을 체험하게 된다. 소위 우리와는 너무나 다른 차이성을 철저하게 의식한다. 그래서 이런 곳을 다녀온 사람들은 거듭났다는 간증적 고백까지 쉽게 늘어놓는다.

그런가 하면, 신장 고속열차를 타고 라싸를 다녀오게 되면 너무나

편한 여행이라 지구 마지막 불적지를 순례한 것이 아니라 타임머신을 타고 과거를 여행한 것이 되어 버린다. 편할 대로 편해진 21세기의 나는, 지금 8세기 티 송 데 첸이 받아들인 이래 시간의 침식을 받지 않은 불교를 직접 보고, 체험하고 돌아온 것이 된다.

최근 티벳 붐이 일고 있다. 가히 프랑코파일(Francophile, 프랑스를 좋아하는)이나, 인도파일(Indophile, 인도를 좋아하는)에 필적할 만하다. 불란서적인 것은 모두 좋고, 인도적인 것은 모두 옳다고 하는 태도가 티벳으로 옮겨온 듯하다. 그러나 티벳 열풍은 무척 복합적이다. 세속적인 이슈와 종교적인 차원의 뒤얽힘과 과거와 현재의 혼재 양상이 그것이다. 얼마 전 서울 시청 앞에서 벌어진 'Free Tibet'과 'One China'를 구호로 내세운 젊은이들의 충돌(2008.4.27)에서도 이런 얽힘과 혼란을 본다.

그러나 티벳 붐의 복합성은 최근에 생긴 현상은 아닌 것 같다. 그 열풍의 도화선을 찾는다면 초마 드 코로스(Alexander Csoma de Koros 1784-1842)를 들 수밖에 없다. 그는 종교적 열정이나 리차드 기어처럼 불교에 심취한 티벳광신자(?)의 자세에서 출발한 것이 아니다. 불교가 본격적으로 서구에 알려지기 이전이었으니 오히려 그는 서구의 불교 추종자를 배출시킨 당사자이다.

18세기에 팽배해진 민족주의가 그를 그렇게 충동질했다. 언어와 민족의 기원에 대한 시원성 찾기가 당시의 유행이었고 그것이 헝가리인인 초마 드 코로스를 크게 자극시켰다. 당시 그는 실크로드의 한 지점인 보카라(Bokhara)를 헝가리인 조상의 발원지라 생각했다. 따라서 그는 실크로드를 헝가리로부터 거꾸로 소급해 올라갔다. 민족적 시원에 대한 열의 하나만 갖고 현대 문명의 어떤 도움도 없이 맨발로 헝가리에서 라닥까지 걸어왔다. 그러한 그의 집념은 그냥 넘겨 버릴 일이 아니다. 아마 계속되었다면 라싸까지 걸어갔을 것이고 위그르에 도착했을 것이다. 결국 가난과 피곤으로 인도 북부 다질링에서 말라리아에 걸려 죽게 되었지만 말이다.

그 긴 여정 사이에 그는 영국 식민지 관료였던 윌리암 무어크로프트 (William Moorecroft)의 도움으로 라닥에서 티벳어를 연구하였다. 그는 최초의 『티벳어 문법』, 『티벳 영어사전』, 『번역명의 대집』을 편찬하여 티벳 연구를 위한 공전절후의 도구들을 마련하였다. 이것이 오늘날 그가 '티벳학의 아버지'로 추대되는 계기가 된다. 그러나 무어크로프트는 그에게 재정지원을 하면서 다음 말을 덧붙이는 것을 잊지 않았다. "한 언어에 대한 지식의 습득은 일종의 상업적인 가치를 배제할 수 없고, 아마도 정치적인 가치까지 지니는 것일 수 있다."

초마 드 코로스는 민족주의적 자각과 제국주의의 정치적 가치를 합성시켜 오늘의 티벳학 연구의 단초를 열었다. 얼마 후 일본에서는 티벳불교 발견에 대한 공로로 그에게 '헝가리 보살(菩薩)'이란 희한한 칭호를 부여했다. 결국 '티벳의 발견'이나 '티벳의 각성'에는 제국주의와 민족주의, 그리고 종교성이라는 세 요소가 그물처럼 얽혀 있는 것이다. 신기하게도 동양의 모든 나라들이 서양 제국주의의 희생물이 되었지만 유독 티벳만 벗어난 듯 보인다. 그래서 지난 세기까지 외부의 영향을 받지 않고 아직도 오염되지 않은 것으로 생각한다. 이 인상은 그대로 서양인들에게 각인되었다. 그리고 우리에게까지 그대로 전승되고 있다. 원형 그대로를 보전한 고대문명의 보고가 티벳이라고. 그리고 현대에 와서 중국의 침략으로 이 원형이 파괴되고 있다며 아쉬워하는 것이다.

샹그리 라의 전설은 아직도 살아 작동하고 있는 셈이다. 그래서 티벳을 현실 속에 위치시키려 하지 않고 동양학자나 불자들의 이상향으로 삼으려 한다. 티벳은 역사 속에 살아 움직이는 삶의 현장이다. 달라이 라마는 생불이기만 한 것이 아니고 분명히 정치 지도자이다. 중국의 정치적 페인팅에 걸맞지는 않지만, 또 다른 의미의 정치인임에 틀림없다. 비폭력의 정치력도 지난 세기의 이상적 이념이 아니고 현재의 구체적인 정치적 아젠다(Agenda)이다. 그리고 그 속에는 다양한 종교 행위의 표현이 들어 있다.

티벳은 우리가 타자화하여 문화관광, 종교체험, 영성체험을 위해 잠시 다녀가는 새로운 샹그리 라는 아닌 것 같다. 그리고 민주화 · 자유화라는 서구적 가치가 그대로 티벳의 현장에 적용되는 것도 아니다. 오히려 'Free Tibet'은 티벳에서 종교적 이상향의 이미지를 벗겨 내라는 구호로 들어야 할 것 같다.

이민용(2008.5.20)

다종교사회와 정치

　우리나라는 어느 한 종교가 주도적인 위치를 차지하지 않고 다양한 종교들이 공존하는 다종교 국가이다. 세계의 여러 나라에서 다양한 종교가 공존하기는 해도, 중심적인 종교가 있는 경우가 대부분이다. 그래서 보통 어느 종교가 그 나라의 대표적인 종교인지 말할 수 있다. 그러나 우리나라는 어느 한 종교가 주도적이라고 할 수 없을 정도로 복수의 종교가 서로 대등한 형세로 경쟁을 하고 있는 양상이다. 이런 모습은 그리 흔한 것이라고 볼 수 없다. 이런 까닭에 우리나라는 진정한 의미의 다종교국가라고 말할 수 있다. 이런 상황에서는 정치의 종교적 중립이 매우 중요하다. 그러나 최근의 양상은 그렇지가 않다. 새 정부(이명박 정부-편집자 주)가 들어선 것을 계기로 하여 특정 종교에 편향된 성향이 강하게 드러나면서 물의를 일으키는 경우가 종종 나타나게 되었다. 특히 개신교단 특정 교회의 사람들이 다수 정부의 중요한 지위에 진출하여 새로운 조어를 만들어내기도 했다.

　최근의 미국산 쇠고기 수입 반대 촛불집회와 관련하여서도 종교 편향적인 발언들이 나오고 있다. 특히 청와대의 한 비서관이 했다는 말은 많은 논란을 불러 일으켰다. 그는 촛불집회에 참석하는 사람들을 가리켜 사탄의 무리라고 하면서 "이 무리들이 이 땅에 판을 치지 못하도록 기도해 달라"고 말하였다고 한다. 고위 공직자가 특정 종교의 방식으로 자기의 반대 세력을 사탄이라고 지칭하여 비난한 것이다. 이는 자신의 정치적인 의도를 나타내기 위해 특정 종교의 수사법을 이용함으로써 종교적 편향성을 드러낸 것이라 할 수 있다. 공직자의 이런 발언은 당연히 타종교의 반발을 사게 되었다. 예컨대 불교계에서는 곧바로 비난 성명을 발표하였다. 정치인이나 공직자도 개인으로서는 종교의 자유를 가진다. 그러므로 개인적으로 신앙을 옹호하는 것은 문제가 될 수 없다. 그러나 공인으로서 업무를 수행하는 과정에서 특정 종교에 편향된 태도로 발언하거나, 정책을 세우고 집행한다면 이는 큰 문제이다.

일찍이 한용운은 불교가 망한 것이 권력자와 결탁했기 때문이라고 말한 바 있다. 우리나라 종교의 역사를 살펴보면 종교는 항상 권력과 밀접한 관계를 맺어 왔다. 그리고 권력자와 결탁하여 스스로 권부가 되었을 때 타락의 길로 나아갔다. 우리나라는 현재 정교분리를 표방하기에, 국교를 인정하지 않으며, 국가는 종교적으로 중립을 지켜야 한다고 헌법에 명시되어 있다.

종교인은 오로지 종교에만 전념하여야 한다는 주장도 있고 오로지 종교적 실천에만 전념하는 훌륭한 종교인들도 많다. 다른 한편으로 종교도 국가나 사회의 한 구성 요소로서 종교인이 자신의 목소리를 내는 것은 당연하다는 주장도 있다. 하지만 그것이 어떤 방식으로 이루어져야 하는지에 대해서는 논의가 필요하다. 종교인이 정치인에 의존하여 자신의 이익을 챙기고, 정치인 역시 자신의 이익을 위해 종교인을 이용하는 식으로 종교와 정치가 결탁하는 모습은 없어져야 할 것이다. 종교가 궁극적인 영역에 관계되는 것이라면 종교는 그런 자리에 서서 정치에 발언을 하여야 할 것이고, 정치는 종교의 영역을 지켜주되 엄정하고 중립적으로 법을 집행하여야 할 것이다. 그것이 바람직한 종교와 정치의 관계가 아니겠는가.

최유진(2008.7.8)

타고 남은 재

타고 남은 재가 다시 기름이 됩니다. 그칠 줄 모르고 타는 나의 가슴
은 누구의 밤을 지키는 약한 등불입니까.

- 한용운, '알 수 없어요' 마지막 연

이명박 대통령을 비롯한 정부 공직사회가 불교를 차별하고 무시하
고 깔봤다는 이유로 지난 8월 27일 '2천만 불자'들이 촛불의 현장 서울
광장에 모여 이에 항의하고 시정을 요구했다. 2008년 8월, 여름의 끝
자락에서 이 땅의 불심은 타는 가슴에 재를 가득 안고 총궐기했다. 말
그대로 야단법석(野壇法席)이다. 대회 이름도 '헌법파괴 종교차별 이
명박 정부 규탄 범불교도대회(이하, 불교도대회)'라고 명명하였다. 한
국불교가 국가권력에 조직적이고도 집단적으로 저항을 한 것은 1,600
여 년 한국불교사에서도 초유의 일이다.

불교도대회 봉행위가 밝힌 '이명박 정부 공직자 종교차별 사례' 가
운데 굵은 항목들은 이렇다. '고소영'으로 대변되듯 정부 주요 인사 기
독교 편중, 뉴라이트 김진홍 목사의 청와대 예배, 관례 깨고 청와대의
부처님 오신 날 홀대, 국토해양부 교통정보 '알고가'에 사찰 전부 누락,
경기여고 교장 학내 불교문화재 훼손, 어청수 경찰청장 종교 편향 등.

일부 사안은 다소 지엽적이라 하더라도 적시한 항목이 모두 26개를 헤아린다. 이번 불교도대회에서는 이에 따라 '이명박 대통령은 공직자의 종교 차별 사태를 책임지고 공개사과와 재발방지를 약속할 것' 등 4개항을 요구하였다.

사실, 새 정부 들어 불교를 폄훼하는 크고 작은 일들이 불거질 때도 조계종 종단에서는 어른스럽게 대처한다는 차원에서 이에 대한 공개적인 대처를 말리는 분위기였다. 정권과 정면 대치해야 한다는 부담에다, 자칫 '제 밥그릇 지키기'로 비춰질 수도 있기 때문이었을 것이다. 그리고 사안 자체도 불교 차별이지 박해는 아니었다. 즉 직접적 위해를 가한 일이 아니라서 대국민 설득력에도 한계가 있어 보였다. 또 지금껏 불교는 정교분리라는 대원칙 아래 정권과 별 마찰 없이 지내왔다는 점도 감안되었다. 선거 때도 불자들의 표심을 힘 있는 쪽으로 적당히 유도하고 대신 집권세력의 지원 내지 비호를 또 그만큼 누려 온 측면도 부정 못한다. 게다가 한국불교의 뿌리인 임제 선풍은 본래 출세간적인 데다 사바의 시비분별은 망상이라고 여기는 탓도 있을 게다. 뿔을 내는 것은 탐진치 삼독 가운데 하나다. 많은 불자들은 나서기는 별로 탐탁찮아 한다. 범종단이 조직적 집단적으로 사회적 이슈를 제기해 본 경험도 별로 없다. 그런데 어쩌다 광장 한복판까지 나가게 됐을까.

발단은 아무래도 이명박 대통령이다. 서울시장 재직시 '서울시를 하나님께 봉헌'한다느니 하는 따위의 언행을 스스럼없이 하고 다녔으니, 애시당초 절집이 그냥 넘기지 못할 일을 벌인 게다. 불교계는 대선 때도 생태계 파괴와 문화재 훼손 등을 이유로 한반도 대운하를 대놓고 반대하는 등 이명박 후보에게 우군이 아니었다. 이 대통령에게 미운 털이 박힐 일이다. 가뜩이나 불교를 백안시할 개신교 근본주의 장로 님으로서는 내놓고 구박하진 못해도 굳이 떡 줄 일도 없을 것이라는 게 불교계 주변의 이야기들이다.

관료사회도 이에 거들었다. 이번 불교계의 항의에 대해서도 청와대 는 '일부 공직자의 불찰이 빚은 오해'라 치부했지만 이는 궁극적으로 이명박 대통령에게 책임이 있음을 자인한 꼴이다. 대통령이 불자였다 면 '일부 공직자'가 이런 형국을 만들었을까.

그런데 이런 표면적 현상보다는 실로 중요한 포인트가 있다. 이명 박 대통령이 개신교 근본주의자라는 사실이다. 어쩌면 이번 불교도대 회 결집의 기저에 깔린 본질적 문제의식은 거기에 있다. 인식 기능상 이성보다 믿음이 우선한다는 독단이 문제가 된다. 촛불 때도 그랬지 만 이번에 불자들이 가장 많이 거론하는 단어가 이 대통령의 '오만과 독선'이다. 기독교 불신자를 힘으로라도 천국으로 인도해야 한다는 독 선이다. 이번 대회에서 수경스님이 일갈한 '대통령 한 사람의 삐뚤어 진 가치관'이라는 표현도, 또 '정부는 선교기관이 아니다' '나라를 기독 교국가로 만들 작정이냐'는 구호도 이를 지적하는 대목이다. 절집 주 변에서는 이런 말들도 떠돌고 있다. "이 대통령은 이미 촛불에 치명상 을 입었다. 어차피 대선 때 같은 국민 다수의 지지를 다시 얻을 수가 없다면 집토끼라도 확보하는 편이 낫다는 판단을 한 것 같다. 국민들 을 편 갈라 전선을 달리 형성해야 저항의 힘도 분산된다. 그 희생양이 바로 불교이다." 사실이라면 참 용렬한 일이 아닐 수 없다.

　문제는 앞으로다. 공은 일단 청와대로 넘어갔지만 꿈쩍도 하지 않는다. 종교차별금지법을 제정하고, 공직자들이 종교차별을 하지 않도록 조치하겠다는 원론은 밝혔다. 하지만 불교 측 요구의 핵심에 대해서는 비켜간다. 대통령이 직접 사과할 내용도 잘못도 없고 어 청장을 해임할 이유도 없다고 강변한다. 바뀔 것 같지 않다. 갈등이 불교와 기독교의 대립으로 비화될 가능성이 커져만 간다. 우리는 이제까지 다종교사회임에도 큰 종교간 갈등 없이 평온을 유지해 왔다. 이번 불교도대회에서도 '종교화합 국민통합'을 기치로 든 이유가 여기에 있다.

　그러면 이 문제를 어찌풀어야 할까. 정권에 기대하기보다는 깨어 있는 개신교 측 인사들과 신자들에게 기대하고 싶다. '불교와 함께하는 목회자 모임' 같은 조직을 만들어 종교인 스스로가 결자해지하는 방식이다. 우리 집안에 탕자가 저지른 분탕질은 그 집안에서 설거지하는 것이 바람직하다는 말이다. 당장 불심 달래기가 필요하지만 종교분쟁만은 피해야 한다. 대회에서 불교는 대결구도로 승리하자는 게 아니라 상생하자는 것이라고 수차 강조했다. 권력을 떠나 불교와 기독교가 함께 하는 모습이라면 이번 일이 전화위복의 계기가 되어 우리 사회에 한층 성숙된 종교문화가 꽃피게 될 것이며, 나아가 모든 국민들도 나서 환영할 일이다.

전인철(2008.9.2)

대재난과 '일본교'

상상을 초월하는 재난 앞에 의연한 모습을 보여준 일본인들에 대해 세계가 놀라워하며 경외심에 찬 격려를 보내고 있다. 어떻게 저럴 수 있을까? 많은 이들이 이런 의문을 품었을 것이다. 이에 대해 어릴 때부터 "남에게 폐를 끼쳐서는 안 된다"는 이른바 '메이와쿠' 교육을 철저히 받아 왔기 때문이라든가, 평소 재난대비 훈련이 몸에 배어 있기 때문이라는 등의 설명도 가능할 것이다. 이와 더불어 벼랑 끝의 위기 앞에서조차 침착성과 차분함을 잃지 않는 일본인들의 행동양식과 관련하여 그 배경으로서 일본문화의 특징에 궁금증을 품게 된 이들도 적지 않을 것이다. 여기서 먼저 떠오르는 것이 '무상과 체념의 문화'이다.

일본문학사와 사상사는 덧없고 모순에 찬 세상 속에서 그 덧없음과 모순을 있는 그대로 받아들이고 음미하는 일본인의 불가사의한 체념의 정서를 잘 보여준다. 이때의 체념이란 불의의 재난과 죽음을 슬퍼하면서도 그 슬픈 감정을 미학적으로 승화시켜 받아들인다는 것을 의미한다. 한국인과는 달리 대부분의 일본인들이 죽음 앞에서 발작적으로 통곡하는 대신 눈물을 안으로 삼키면서 차분한 태도를 보이는 것은 어쩌면 이런 체념에 익숙해 있기 때문일지도 모르겠다.

이와 같은 체념의 정서는 일본의 전통종교라 말해지는 신도(神道)에서도 찾아볼 수 있다. 신도는 어쩔 수 없는 재난의 슬픔 또한 평온한 일상과 마찬가지로 받아들이고 '가미'(神)의 길을 따라 걷는 것이며, 그런 슬픔 자체에 안심이 있다고 말한다. 그리하여 많은 일본인들은 생사의 고통과 모순 앞에서 통곡하고 오열하기보다는 체념을 통해 마음의 안정을 얻고 '다음'을 생각하려 애쓴다.

이런 의미에서 '체념의 달인'이라고도 말할 수 있는 일본인들은 '이성적'이라기보다는 '감성적'인 위기 대응 방식에 뛰어난 능력을 보여준다. 일본인의 미의식을 대표하는 개념 중에 '모노노아와레'(物哀)라는 것이 있는데, 이는 일종의 일본적 애상감으로, 슬픔 앞에서 "타자와의 공감을 통해 다른 사람의 마음속으로 자신의 마음을 갖다 놓는 감정이입의 미학적 감수성"이라는 특성을 내포하고 있다. 이와 같은 '모노노아와레의 공동체'라 할만한 일본사회 내부에서는 논리보다 감성이 더 일차적인 현실을 구성한다. 위기 앞에서도 자신만큼이나 남에 대한 배려를 잊지 않는 일본인들의 행동양식은 바로 이런 미학적 감성과 무관하지 않아 보인다.

폐허 속에서 물과 기름을 비롯한 생필품을 구입하기 위해 슈퍼나 주유소 주변으로 사람과 차량들이 길게 늘어선 광경을 영상으로 보았던 많은 이들은 일본인들의 침착하고도 성숙한 시민의식에 박수를 보내지 않을 수 없었을 것이다. 그런데 이때의 '시민성'은 서구적 의미의 '시빌리티'와는 다소 뉘앙스에 차이가 있다. 일본인들의 '시민성'은 역사적으로 중세 이래, 특히 근세 도쿠가와 시대에 뿌리를 내린 미학적 연대의식과 밀접한 관계가 있기 때문이다. 근세 일본에서는 렌가(連歌)나 하이쿠(俳句) 같은 시가라든가 다도(茶道) 등의 미적 전통에 있어 자발적이고 수평적인 동우회 소집단들이 수없이 많이 생겨났다. 이와 같은 소집단의 활성화를 통해 일반인들 사이에 대중화된 미적 교양과 모노노아와레적 공통감각이 널리 확산되었고, 그것이 낳은 자발적이고 수평적인 연대의식의 토대 위에 오늘날 일본인들의 성숙하고 역동적인 시민의식이 형성된 것이다.

하지만 미적 감수성에 입각한 연대의식만으로 가혹하기 그지없는 현실을 감당하기란 한계가 있지 않을까? 그보다 더 깊은 층위에 혹 무언가 종교적인 연대의식이 깔려 있는 것은 아닐까? 이런 의문과 관련하여 필자는 '일본교'라는 기이한 종교를 떠올리게 된다. 1975년 이자야 벤더슨에 의해 처음으로 세상에 소개된 이래 '일본교'라는 개념은 "일본이라는 공동체의 영속성을 최고의 가치로 여기는 일본인들의 공통감각"과 밀접한 관계가 있다. 일종의 종교적 차원을 내포하는 이런 공통감각은 역사적으로 위기의 때마다 종종 '신국 일본'이라는 내셔널리즘적 담론으로 치닫기도 했다. 그러나 시민의식과 접목된 일본교는 전혀 다른 풍경을 만들어낸다. 대재난 앞의 일본인들이 보여주었던 그런 풍경 말이다.

근래 원전 위기가 고조되면서 일부 동요의 조짐이 보인다는 보도가 나오기도 한다. 하지만 일본인에게 핵공포는 지진이나 해일과는 좀 다른 차원에 속한 문제이다. 앞으로 사태가 어떻게 바뀌든 일본인들이 보여준 성숙한 모습은 오랫동안 우리에게 잊을 수 없는 숙연한 감동과 경외의 기억으로 남아 있을 것이다. 그런 기억 속에서 일본교는 적어도 대재난을 하나님의 징벌이자 경고이며 심판이라고 함부로 재단하는 한국의 거대종교보다 훨씬 더 종교적인 것으로 이해될 만하지 않을까?

박규태(2011.3.29)

해외봉사와 종교

　지난 1월, 필자는 재직하고 있는 대학의 학생들 20여 명과 함께 케냐로 보름간 단기 해외봉사를 다녀올 기회가 있었다. 인솔자라는 다소 모호한 위치였는데, 실무는 팀장 교직원과 협력 NGO 단체 간사가 맡고 있었기에, 필자는 각종 활동에 때로 똑같이 참여하기도 하고 때로 물러나 관찰할 수 있었다. 음악, 미술, 체육 등의 교육봉사, 놀이터 짓기와 도서관 꾸미기 노력봉사, 합창, 마임댄스, 전통무용, 태권도 시범 문화교류 등의 봉사활동은 여느 해외봉사단의 모습과 마찬가지이겠기에 달리 적을 말이 별로 없고, 대신 인솔자이자 종교학자로서 봉사활동 기간과 이후에 들었던 생각을 몇 가지 적어 보려 한다.

　나이로비에 도착하여 여정을 풀고 봉사지역으로 떠날 채비를 하던 초반 며칠 사이, 인솔자에게는 별도의 한 가지 역할이 주어져 있었다. 봉사지역으로 떠나기 전 학생들의 몸과 마음을 준비시키는 강연을 하는 일. 단기 해외봉사는 필자도 처음이었기에 출국 전에 자료를 좀 살펴 강연 원고를 준비해 갔다. 원고는 해외봉사의 의의와 자세에 관한 통상적인 말들에 더하여 '선교와 봉사를 혼동하지 말 것'과 '현지인들의 종교문화를 존중할 것'을 강조하는 내용이었다. 그런데 실제 강연에서 필자는 급히 한 가지 항목을 추가했다. 내용인즉, 비기독교인

학생들에게 '혹시 종교, 특히 기독교가 연루되는 일이 생기더라도 현지 상황의 특성이겠거니 하고 담담하게 받아들일 것'을 당부하는 말이었다.

선교와 봉사를 혼동하지 말고 현지 종교문화를 존중하라는 것은 종교학자라면 봉사활동과 관련하여 으레 할 수 있을 법한 말이다. 그런데 케냐 인구의 8할이 기독교인이라는 사실을 알고 있었음에도, 필자가 애초에 생각했던 강연 내용은 좀 상투적이었다. 이를테면 무슬림이나 힌두 문화권에서의 봉사활동에서 특히 기독교인 봉사자가 유념했으면 하는 그런 내용 말이다. 그러나 케냐에 도착해서 필자는 이번 해외봉사가 기독교라는 종교와 무관할 수 없음을 알게 되었다. 필자가 재직하는 대학이 미션스쿨이긴 하지만, 그동안 다른 나라들에서의 해외봉사는 선교와 무관한 봉사 자체에 주력해 왔다. 꼭 봉사를 선교의 도구로 삼지 않는다는 '하느님의 선교(Missio Dei)' 정신이 아니더라도, 대부분의 일반 해외봉사와 마찬가지로 선교가 개입될 여지는 별로 없었다. 그러나 아프리카에서는 상황이 좀 달랐다. 현지 사정상 협력자는 한국인 현지 선교사들이었고, 무엇보다도 봉사지역 아이들의 상당수가 기독교인이었으니 말이다. 따라서 필자는 미리 준비한 강연 내용에서는 기독교인 봉사자들을 향해 '거리두기'를 강조했고, 급히 추가한 강연 내용에서는 비기독교인 봉사자들을 향해 '공감하기'를 강조했다.

우려했던 일은 벌어지지 않았다. 보름 동안 종교적 성격의 활동이라고는 일정 초기의 숙소인 선교 센터에서 첫 일요일에 협력 선교사의 설교 겸 강연을 곁들인 짧은 예배를 가진 것, 쉬운 스와힐리어 복음 성가를 급히 배워 현지 아이들과 함께 몇 번 부른 것, 봉사 지역의 마을어른 장로님이 한국 청년들을 위해 축복기도를 해 준 것이 전부였다 (지역어로 하셔서 우리가 아는 말이라곤 마지막 '아멘'뿐이었다). 협력 선교사들은 봉사단의 성격을 명확히 알고 있었고, 봉사에 선교를 무리하게 개입시키지 않은 채 봉사단에 맞는 적절한 도움을 제공해 주었다. 기독교적 환경 한복판에서 벌인 봉사활동이었지만, 선교가 봉사에 끼어들거나 방해하면 어쩌나 하는 염려는 기우에 불과했다.

장기든 단기든, 해외봉사와 선교의 관계는 생각만큼 단순하지 않다. 한국해외원조단체협의회(http://ngokcoc.or.kr/) 자료에 따르면, 80여 회원 단체의 절반 이상이 종교계이지만 대부분 선교를 노골적으로 앞세우는 경우는 별로 없다. 이들이 선교와 봉사를 뒤섞는 방식은 매우 은근하고 조심스럽다. 선교가 봉사에 앞설 때 둘 다 실패하기 십상이라는 걸 누구보다도 잘 알고 있기 때문이다. 여기서 묘한 상황이 발생하는데, 일반단체인 줄 알았는데 사실상 선교단체였다며 푸념하는 경우도 생기고, 반대로 선교단체인 줄 알았는데 정작 선교는 전혀 안 하더라며 푸념하는 경우도 생기고는 한다. 현지 선교사들의 경우도 상황이 묘하긴 마찬가지다. 대부분의 선교사들은 선교와 봉사의 두 역할 사이에서 불안한 줄타기를 한다. 의도적인 것이 아니라, 오랜 현지 생활에서 부득불 그렇게 되어 가는 것이다. 불타는 종교적 사명감에 선교사가 되었지만, 자기가 선교사인지 그냥 자원봉사자인지 헷갈리는 순간이 수시로 찾아온다. 선교사라는 자의식이 앞서면 현지 활동이 어려워지고, 선교 활동이 부실하면 한국 교단과 교회의 지원이 줄거나 중단된다. 현지 선교사들에게 선교와 봉사의 결합은 생각만큼 쉬운 일이 아니다.

　이와 달리, 선교와 봉사의 손쉬운 결합을 상상하는 이들은 정작 따로 있다. 현지 상황은 전혀 모른 채 선교에 대한 막연한 환상 속에서 선교자금을 보낼지 말지를 따지는 국내 교단과 교회들, 진지한 준비와 고민 없이 우르르 떠나는 단기 해외선교단, 일반적인 장단기 해외봉사단원이면서도 개인적인 선교 활동을 돌출시키는 종교인이 그들이다. 선교가 금지된 나라에서 무리하게 선교활동을 벌이다가 물의를 일으키는 경우나, 코이카(KOICA, 한국국제협력단) 같은 국가출연 원조기관의 봉사단원임에도 봉사와 선교를 뒤섞다가 문제를 일으키는 경우가 종종 있다. 특히 코이카의 경우, 정확한 통계는 못 찾았지만, 지원자와 최종 선발단원 중에서 기독교인의 비중이 상당히 높고, 그들 중 상당수가 평신도 선교사로서 자의식을 갖고 있다는 것은 익히 알려진 사실이다. 이런 현실은 해외봉사와 선교의 관계가 우리가 흔히 생각하는 것보다 훨씬 미묘하고 복잡하다는 것을 말해준다.

　교육봉사, 노력봉사, 문화교류…, 그리고 부수적인 약간의 현지탐방(관광). 의료나 구호 등의 특화된 봉사가 아닌 일반적 봉사를 주로 하는 여느 해외봉사단이 모두 비슷하게 하는 활동이다. 심지어 일반단체나 종교단체의 봉사단도 대동소이하다. 특히 앞의 두 가지는 유난히 친숙한데, 사실상 과거 국내 대학이나 교회들이 했던 농촌봉사의 무대를 해외로 옮겨놓은 것이나 다름없기 때문이다. 대학생 단기 해외봉사는 90년대 후반에 처음 시작되었고, 지금은 해마다 수천 명의 대학생이 방학을 맞아 세계 각국으로 봉사를 다녀온다. 간혹 비용 전액을 지원받는 경우도 있지만 (MBC나 아산나눔재단이 그 예이다), 대개는 전액이나 일부 자비로 봉사에 참여한다(대학생사회봉사협의회, 각 대학들, 일반이나 종교 원조단체들이 그렇다). 많은 대학생 참가자들이 보람과 긍지를 느끼며 감동과 포부를 안고 돌아올 것이다. 짧은 봉사 기간 동안 현지 아이들에게 얼마나 큰 도움을 줄지 모르겠지만, 어쨌든 그 아이들의 미래에도 작은 자취는 남을 것이다. 그 경험과 자취의 가치는 그 자체로 인정하면 되겠지만, 봉사활동이 획일화되어 매너리즘에 빠지고 있는 것은 아닌지 하는 염려는 된다. 주관 기관들의 노하우가 공유되고 전수된다는 점과 단기라는 특성상의 한계가 있다는 점 때문에 어쩌면 매너리즘에 빠지는 것은 불가피할지도 모르겠다. 그러나 모쪼록 청년들의 해외봉사가 단지 스펙 쌓기나 경험 쌓기의 수단으로 전락하지 않고, 또 매너리즘을 넘어선 창의성을 발휘하면서 값진 활동으로 정착하고 발전하기를 기대해 본다. 그리고 선교와 봉사의 미묘한 얽힘이 봉사의 순수성을 훼손하지 않기를 기대해 본다. 이러저러한 복잡한 생각이 들기는 하지만, 어쨌든 솔직히, 필자에게는 해맑게 웃던 케냐 아이들의 그 커다란 눈망울이 지금도 아련히 눈에 밟힌다.

김윤성(2012.2.14)

"나는 샤를리"

　일요일인 지난 11일(2015년 1월), 프랑스에서는 파리를 비롯한 대도시뿐 아니라 지방의 작은 도시 여기저기에서 크고 작은 시위가 벌어졌다. 지난 7일 파리의 풍자 주간지《샤를리 엡도》에 가해진 이슬람 근본주의자들의 테러를 규탄하기 위한 것이었다. 표현과 언론의 자유라는 민주주의 원칙을 폭력으로부터 반드시 지켜야 한다는 시민의식의 표출이었다. 시민들은 분노했고, 뭉쳤고, 시위를 통해 모두 한결같이 이러한 원칙을 지키고자 함을 확인하고는, 더할 나위없이 자랑스러워하였다.

　'풍자'와 같은 예술적 표현은 법정에서의 판검사의 발언이나 선거운동에서의 정치인의 공약과는 다른 것이다. 그것은 가정, 실험, 상상의 세계에서 벌어지는 것이다. 특히 풍자는 사실과 거리를 두면서, 사회적 규범이나 예절을 '고의'로 어김으로써, 그러한 사회적 제도들이 얼마나 견고한지, 여전히 지킬 가치가 있는지를 시험하는 것이다. 사회가 건전하고 유연하기 위해서는 이렇게 우상을 파괴하는 자들, 권위를 부정하는 자들이 활동할 공간이 필요하고, 그들이 폭력의 피해자가 되지 않도록 보호할 필요가 있다.

　관용은 수동성이나 연약함을 의미하지 않는다. 그것은 어떠한 사회적 가치들을 절대적인 것으로 간주하거나 세계를 선악 이분법으로 보는 것에 대한 신중함, 지혜로운 망설임, 판단 유보이다. 민주주의가 제대로 기능하기 위해서는 서로 주고 받을, 서로 타협할, 서로에게 적응할 의향을 사회 구성원 모두가 늘 지니고 있어야 한다. 상호 양보, 상호 타협, 상호 적응은 자유 민주주의의 근본 속성이며 필요불가결한 조건이다.

이슬람 근본주의 테러리스트들이 테러를 통해 노리는 것은 그들의 적을 사라지게 하거나 겁을 주는 것뿐만이 아니다. 테러를 통해 극단적인 공포와 피해와 갈등을 야기함으로써 사회 전반에 반(反)이슬람 정서를 퍼트러서, 이슬람 사회와 타협하며 민주주의 원칙을 존중하며 살아가는 이슬람 평화주의자들에게까지 등을 돌리게 하고, 그래서 결국 이 평화주의자들마저도 그들의 '성전'에 끌어들이려 하는 것이다.

그래서 미국의 정치학자 이안 부루마(Ian Buruma)는 지난 주에 일어났던 파리 테러 사건으로 우리가 이슬람 세계와의 전쟁을 선포하는 순간, 이슬람 근본주의 테러리스트들은 그들의 목적을 달성한 것이 되며, 반면, 우리가 이슬람 평화주의자들을 우리와 같은 동등한 시민으로 대우할 때, 우리의 민주주의는 더 강해진다고 역설한다.

한편 관용은 무한정일 수도 절대적일 수도 없다. 종교든 정치 이념이든 자신의 신념을 강요하기 위해 폭력을 사용하는 것은 어떠한 민주 사회도 용납할 수 없다. 2015년 1월 11일 일요일, 파리에서는 최소한 120만 명이, 프랑스 전역에서는 370만 명이 "나도 샤를리"를 외치며 거리로 나왔다. Jean-Noel Jeanneney(장-노엘 지네니), Pascal Ory(파스칼 오리), Michel Winock(미셸 비노크) 같은 프랑스의 대표적인 현대사 가들은 이날을 역사적인 날로 규정하며, 1789년 7월 14일 프랑스 대혁명, 1918년 11월 11일 1차 세계대전 종전, 1940년 6월 18일 드골의 항전 호소 때와 같은 의미를 부여한다. 같은 날 같은 시각에 같은 슬로건을 외치면서 이렇게 많은 사람이 모인 적이 없었다. 프랑스의 도시에서 자주 시위를 볼 수 있지만, 대부분 자기 주장과 갈등의 표출이었고, 동지의식으로 모두가 한 목소리를 내며 거리를 누빈 적은 드물었다. 하지만 이번엔 하나의 타자에 대항하여 프랑스가 하나로 뭉친 것이다. 그래서 또 하나의 '프랑스를 만든 날'이 되었다.

이 역사적인 날은 시민 한 사람 한 사람의 적극적인 참여로 이루어진 것이다. 시위 참여 동기를 묻는 기자의 질문에 한 젊은이는 "우리가 여기 있음을 알려야 한다"고 답했다. 표현의 자유, 언론의 자유는 어느 기자나 정치인의 원칙이 아니라 시민 한 사람 한 사람이 누릴 수 있고, 지켜야 하고, 책임져야 하는 원칙이다. 《르 몽드》지는 '어제 프랑스는 바스티유를 재점령했다'고 표현했다. 시민 개개인이 민주 국가의 정체성을 되찾아 준 것이다.

그런데 어제 파리 거리에는 프랑스인들만 있었던 것이 아니다. 이 귀중한 민주주의의 원칙을 재천명하기 위해서 44개국 국가 원수와 정부 수반들이 순식간에 파리에 모여 올랑드 프랑스 대통령과 어깨를 맞대고 시민 군중 앞에서 행진했다. 또한 세계 여러 나라에서 같은 시각에 수많은 사람들이 같은 구호를 외치며 시위를 벌였다. 이 또한 미증유의 사건이다. 그래서 역사가 미셸 비노크는 이날을 '민주주의 국

제주의(internationalisme democratique)의 첫 번째 기념일'이라고 규정
했다.

이렇듯 이날은 엄청난 날이었다. 그것은 집단의식 속의 결정체로
서, 공동 기억의 종합으로서 하나의 준거의 역할을 할 수 있을 것이다.
그렇다면 이로부터 어떤 정치적 효과를 얻을 수 있을까. 정치인들은
각자 자기 계산기를 두드릴 것이다. 확실한 것은 이 사건을 계기로, 이
제까지 재정적자나 신용평가 하락과 같은 주제로 논쟁을 벌이는 동안
이 사회의 존재 형식과 관련된 근본적인 주제들을 잊고 있었다는 것,
이러한 주제들을 다시 논의의 중심에 놓아야 한다는 도덕적 의무감이
일깨워졌다는 것이다. 이 일요일이 역사적인 날로 남기 위해서는 이
러한 일이 벌어졌다는 것만으로는 불충분하다. 테러의 트라우마와 그
에 대한 사회의 반응에 의미를 부여하고 이 사건을 잊지 않으면서 동
시에 그것을 넘어 앞으로 나아갈 때만이 역사가 이 일요일을 기억할
것이다.

김대열(2015.2.3)

* 이 글은 2015년 1월 13일자 《르 몽드》지의 기사들을 읽으며 쓴 글이며, 많은 부분들
  이 인용되었다.

성소수자의 인권과 종교폭력

"인간은 종교적 확신을 가질 때 가장 철저하고 즐겁게 악을 행한다."
- 파스칼의 『팡세』에서

얼마 전 E대학 신학대학원에서 성소수자와 함께하는 교회의 여목사를 모시고 공개 강연회를 개최했다. 공개 강연회 공지가 대학원 홈페이지에 나가자 동성애를 옹호하는 목사를 데려다 공개강의를 하는 데 대한 항의 전화가 수십 통 걸려 왔다. 강연회는 무사히 마쳤지만, 총장실 등 이곳저곳 들쑤시는 그들의 집요한 항의 전화가 폭력이라는 생각이 들었다.

나는 최근에 '서울 인권헌장'이 만들어지는 과정과 파기되기까지의 관련 자료들과, 2015년 성소수자들의 축제와 그것을 반대하는 사람들의 모습을 담은 동영상을 보았다. 소리를 지르며 손을 높이 들고 방언을 하거나 울부짖으면서 기도를 하는 동성애 반대자들의 모습에서, 그들이 뜨거운 신앙심(?)을 가진 사람들이라는 것을 알 수 있었다.

기독교의 동성애 혐오라는 이데올로기와 결합되어 있는 오늘날의 사회적, 종교문화적 현상을 어떻게 보아야 할까? 그들의 광기어린 모습을 보면서 이것이 신학적, 성서 해석학적 검토를 통해서 해결될 문제는 아니라는 생각을 했다.

그들이 소속되어 있는 단체들은 꾸준히 대한민국 현대사와 정통성을 이승만, 박정희를 중심으로 서술하면서 개신교의 기여와 선민사상을 강조하고, 반공 이데올로기, 시장주의, 발전주의, 선진화를 강조한다. 그리고 반공 이데올로기와 애국주의, 선민사상을 동성애 반대와 연결시켜 주장한다.

그들은 '건강하고', '건전한', '대한민국 시민'으로부터 이른바 종북세력, 성소수자, 이주민 등을 타자화, 병리화하고, 세금과 질병을 타자화의 무기로 사용하면서, 사회 혼란을 유발하는 타락의 근원이라고 낙인을 찍는다. 그들은 이를 위해 거짓말도 서슴지 않는다.

2007년에 법무부는 차별금지법을 제정하겠다고 입법예고를 하였다. 그러자 법무부로 기독교인들의 항의 전화가 쏟아졌다. 차별금지법은 '동성애 허용법안'이라는 이유에서였다. 기독교인 국회의원들을 중심으로 '동성애 차별금지법안 저지를 위한 의회선교연합'이 만들어지고, 동성애허용법안반대 민간단체도 조직되었다. 결국 2007년도에 만들어지려던 차별금지법은 무산되었다.

이에 대해 항변하던 한국성적소수자인권센터 대표로 있는 한채윤의 말이 생각난다. "차별이라는 것은 허용되고 허용되지 않고의 문제가 아닐 것입니다. 저희들이 충격을 받은 것은 종교적 가치관에 어긋난다는 이유로 차별의 허용을 결정하려는 태도였습니다."

2014년 서울시 인권헌장의 제정 과정에서 성소수자들은 2007년에 겪었던 아픔을 또 다시 경험해야 했다. 서울시는 시민위원을 공개모

집한 뒤 다양한 의견 수렴을 위해 지원자를 성별, 지역, 연령별로 분류한 뒤, 무작위 추첨을 통해 10.5대 1의 치열한 경쟁으로 시민위원을 선발하였다. 그렇게 선발된 시민위원 150명과 전문위원 40명으로 구성된 시민위원회를 2014년 8월 6일에 발족하였다. 시민위원들은 토론하고 배우고 조율하면서 "서울시민은 타인의 권리를 존중하며, 모든 이들이 더불어 살아가는 관용의 도시 서울을 만들기 위해 노력한다."라는 '서울시민 인권헌장 제 5조' 등 인권헌장의 한 조항 한 조항을 만들어갔다.

그러던 중 인권헌장과 성소수자 차별금지 조항에 대한 반대가 사회적 이슈로 떠올랐다. 9월 25일, 도하 7개 신문 지면에 '박원순 시장님, 서울시민 대다수는 동성애 차별금지 조항이 서울시민 인권헌장에 포함되는 것을 절대 반대합니다.'라는 제목의 전면광고가 일제히 실리면서부터였다. 신문지면 1개 면 전체를 도배한 광고에는 1~2차 시민위원회 회의 결과를 정리한 것 중 성소수자와 관련된 내용을 상세히 소개하면서, 서울시민인권헌장은 동성애 조항을 넣기 위해 기획된 작품이라고 터무니없는 왜곡을 했다. 동성애가 에이즈 감염의 주요 원인이기 때문에 에이즈 치료비용을 100% 국민세금으로 지원함으로써 국민들이 세금폭탄을 맞게 될 것이라는 것, 차별금지법안이 제정된 이후 동성애에 대해 부정적인 발언이나 반대 입장을 표명하면 징역에 처하는 등 엄벌한다는 것, 학교에서는 동성애에 대해 가르쳐야 하며 교육에 항의하는 부모가 수갑에 채워져 감옥에 보내졌다는 등의 아무런 근거 없는 정보를 유포했다.

이 같은 내용은 이후 시민위원회와 권역별 토론회, 공청회장 그리고 동성애 혐오자 관련 단체들의 홈페이지 등을 통해서도 일관되게 주장되었다. 광고는 10월 6일《조선일보》등에 또다시 실렸다. '박원순 시장의 〈서울시민인권헌장〉과 인권정책의 허상에 속지 마십시오'라는 제목의 광고는 박 시장과 인권헌장을 겨냥한 비난이었다. 한 번에 수천만 원에 이르는 유력 일간지 신문광고를 한두 개도 아니고 일곱 개 신문에다 연속적으로 게재할 수 있을 정도의 재력을 가진 조직이 이 문제에 개입되어 있다는 것을 짐작하게 한다.

첫 번째 광고가 실린 며칠 후인 9월 30일, 서울시 대방동 서울여성플라자에서 열린 강남권역 토론회에서 100여 명의 참가자 중 대다수는 토론회의 초반부터 행사를 방해했다. 삼삼오오 짝을 지어 눈짓을 주고받으며 야유를 하거나 소리를 지르고 박수를 쳤다. 진정시켜 토론을 하도록 했지만, 그들은 신문광고에서 제기된 주장과 같은 말을 되풀이했다.

이 와중에 박원순 시장이 샌프란시스코 출장 중 현지 언론과 인터뷰한 "한국이 아시아에서 동성애를 합법화하는 최초의 국가가 되길 바란다."는 내용의 기사가 10월 13일 국내에 소개되면서 상황이 급속도로 나빠졌다.

10월 17일 서울시 성북구청에서 열린 강북권역 토론회는 자리 배치를 가지고 소리를 지르고, 동성애에 대한 혐오발언도 거침없이 나왔다. 이날 공청회장을 방문했던 한 장애운동 활동가가 페이스북에 남긴 글이 현장의 참담함을 생생히 전해준다.

동성애 혐오에 대한 말들은 사람에 대한 말이 아니었다. 공포스러웠다. 사람에 대한 예의라는 말도 사치였다. … 동성애만이 아닌 다른 소수자들에 대한 인권은 논의조차 할 수가 없었다. 인권도시에서 장애인은 어떤 권리가 보장되어야 하는가는 전혀 얘기할 수가 없었다. 사람의 말을 듣지 않고 온 몸에 힘을 주고 거칠게 소리 지르며, 그의 입에서 나오는 말들이란 사람을 죽이고 있었다. 잔인했다. 무서웠다. 그렇게 당하면서도 말 한마디 못하고 그 자리를 떠나지 않은 성소수자들…. 미안하고 … 아프고… 나도 장애인이라고 순식간에 멸시와 차별 혐오를 당해 봤었지만 이렇게까지는…. 사람이 무섭다. 사람의 집단이 무섭다. 사람의 말이 무섭다. 사람의 신념 같은 행동이 무섭다. 사람의 당당함이 무섭다. 이 무서움을 일상처럼 매일 겪는 사람들이 있다면…. 트라우마에 시달리는 이틀을 보냈다.

그동안의 인권헌장 제정 작업은 훌륭한 거버넌스의 전형으로 손꼽힐 만했다. 준비 작업까지 포함하면 1년 넘게 서울시와 전문가, 시민들은 신뢰를 바탕으로 새로운 길을 개척해 갔다. 그러나 제6차 시민위원회가 우여곡절을 겪으면서 끝나고 이틀 후인 30일 일요일 오전, 서울시는 시민위원회에 알리지도 않은 채 일방적으로 기자회견을 열고 "서울시 입장에서 표결처리는 최종적으로 합의에 실패한 것으로 판단한다."며 "서울시민인권헌장은 자연스럽게 폐기되는 것"이라고 밝혔다.

먼저 시민위원회의 전문위원들이 서울시의 처사에 분노했다. 서울시의 일방적인 기자회견에 맞서 전문위원들이 사태를 정확하게 알리는 보도자료를 돌리고 전문위원 명의의 성명서도 발표했다. 성명서는 제6차 시민위원회는 45개 조항에 대해서는 만장일치로, 45개 조항은 표결에 의한 합의로 확정하고 인권헌장을 채택한 것이므로, 예정대로 선포할 것을 촉구했다.

존재를 부정하는 폭력 앞에서 더 이상 물러설 수가 없었던 성소수자들은 12월 6일 서울의 시청사를 점거하고 농성에 들어갔다. 자신의 성정체성을 드러내기를 두려워하던 성소수자들이 한 명 두 명씩 몰려들기 시작했고, 수많은 시민과 시민사회가 동조 농성으로 연대했다. 해가 뜨면 신나는 문화축제로, 해가 지면 시장 면담과 사과를 요구하면서 밤샘 농성을 강행했다. 서울시청 로비는 순식간에 성소수자들의 일종의 해방구가 되었다. 이 같은 상황은 SNS를 통해 실시간으로 전파되면서 닷새 만에 후원금만 3천만 원이 모일 만큼 전 국민의 관심을 촉발시켰다. 국제연대 활동도 전개해 각국의 언론에도 로비 점거농성이 중요한 기사로 보도되었다.

12월 10일 오후 성소수자와 박시장의 면담이 이뤄지고, 이어 박시장이 사과문을 발표했다. 그러나 끝내 인권헌장 제정을 인정하거나 선포하지 않았다. 그날 밤 시청로비를 점거했던 무지개농성단은 밤새워 토론한 끝에 농성을 해산하기로 결정했다.

서울시가 인권헌장을 채택하지 않음으로써 파생된 후유증은 간단치가 않다. 무엇보다도 성소수자들의 존재가 공식적으로 부인됨으로써 그들의 존엄이 심각하게 훼손됐다. 이로 인한 파장은 길고 확산 속도는 빨랐다. 당장 서울 성북구는 2014년 주민참여예산으로 선정된 성소수자 청소년 지원사업을 불용처리 하는 등 성소수자 인권 관련 사업들이 연속적으로 좌초됐다.

그러나 좌절 속에서도 희망의 끈은 놓지 않았다. 인권헌장을 만들어 가는 과정에 전문위원으로 처음부터 끝까지 참여했던 문경란은 다음과 같이 말한다.

역사를 살펴보면, 인권헌장은 손쉽게 성공하는 것이 아니라, 시험과 좌절을 극복하면서 한 장 한 장을 새롭게 써 왔다. 서울시민 인권헌장 역시, 너무나 순탄한 길을 갔더라면, 시민들의 주목도 받지 못하고 하나의 문서로만 남아 있을지 모른다. 시련과 역경 속에서 인권헌장은 역설적으로 더욱 주목을 받았고, 그것의 필요성 또한 더욱 각인되었다. 성소수자 운동이 획기적으로 성장하고 폭넓은 지지와 연대를 확산할 수 있었던 점 또한 인권헌장이 채택되지 않음으로써 거두게 된 예상치 않은 결실이다. 성소수자들은 무지개농성단의 서울시청 로비점거를 계기로 용기 있게 서울시민들 앞에 우뚝 섰다. 일반 시민들은 성소수자들의 존재의 무게와 존엄의 소중함을 새삼 인식하게 됐으며 지난 20년간 숨죽이며 조용히 성장해 온 성소수자 인권운동은 인권헌장 사태를 계기로 그 역량이 훌쩍 자라며 단단해졌다.

성적 지향이 다르다는 이유로 차별받고 무시되고 인권이 부서지는 세상이 과연 신이 원하는 세상일까? 집요하게 폭력의 전위대로 활동하는 기독교인들을 떠올리면서 문득 한나 아렌트가 쓴 『예루살렘의 아이히만』의 내용이 생각났다. 아렌트는 재판 과정을 지켜보고 '악의 평범성'에 주목한다. 그리고 아렌트는 아이히만에 대한 세 가지 무능성을 언급한다. "말하기의 무능성, 생각의 무능성, 그리고 타인의 입장에서 생각하기의 무능성이다. 세 번째의 무능성은 판단의 무능성, 즉 옳고 그름을 가리는 능력을 말한다."

　　상대방의 입장에서 생각하기의 무능성, 생각의 무능성은 책임 윤리의 실종을 가져온다. 거기에서 타인에 대한 폭력이 생각 없이 무비판적으로 행해진다. 우리는 오늘날 그 폭력의 현장을 지켜본 것이다.

차옥숭(2015.10.20)

삶에서 뿌연 먼지 같은 불안을 걷어내려면

막내 아이가 태어났을 때, 정결과 불결의 선명한 이분법에 따라 행동했던 기억이 난다. 나는 누구든지 외출했다가 집에 돌아오면 분무식 항균제를 온몸에 뿌려댔다. 아이가 더러운 물건과 접촉이라도 하면 바로 씻기고 그 물건을 치우는 것은 당연한 일이었다. 또한 아이에게 적합한 습도를 유지하기 위해서 가습기를 새로 구입했고, 가습기의 청결을 유지하기 위해 많은 사람들처럼 살균제를 첨가해서 사용했다. 언론에 알려진 바에 따르면, 가습기 살균제는 1997년 처음 출시된 이후 한 해에 약 60만 개, 20억 원어치 정도가 팔렸다고 한다. 그런데 2011년에 원인불명의 폐 손상 사망사고가 발생하면서 가습기 살균제의 유독성이 알려졌는데, 질병관리본부의 조사에 따르면 221명의 피해자가 발생했고 그중 92명이 사망했으며, 피해자의 대부분은 영유아, 임산부, 노인 등이라고 한다.

불결하고 위험한 것으로부터 사랑하는 가족을 지키려는 속성은 하나의 본능이다. 그런데 누군가 그러한 본능에 따른 판단과 행위를 교란하고 오도하여, 결과적으로 질병과 상실의 고통을 겪게 되는 상황에 누구든지 처할 수 있다는 사실은 생각만 해도 끔찍하다. 철학자 찰스 테일러는 '불안한 현대사회'라는 자신의 글에서 현대사회의 불안을 조성하는 요인 중의 하나로 도구적 이성의 지배를 든다. 도구적 이성은 목적 달성을 위한 수단의 효율적인 운영과 최대의 효과를 산정하는 합리성인데, 그것이 오늘날 삶의 곳곳에서 하나의 척도로서 작동하고 있다는 것이다. 도구적 이성은 비용-소득 분석의 형식에 따라 생명의 본래적 가치와 존엄성보다는 금전의 평가를 우위에 두며, 다양한 사회적 도구와 장치들을 통해서 사람들이 기계적·기술적 해결책이 문제 해결의 유일한 방법이라고 믿도록 한다.

식기 세정제를 비롯해서 온갖 종류의 살균제를 사용하는 것은 편리함을 찾는 우리의 이기심 때문만은 아니다. 그러한 삶의 환경을 조성하는 사회 구조와 함께 사물의 질서와 인간의 본성에 어긋나는 기계적·기술적 해결책을 맹신하도록 유도하는 도구적 장치들에 우리 자신이 포획되어 있기 때문이다. 조르주 아감벤은 미셸 푸코의 '장치'(dispositif) 개념을 일반화해서 "생명체들의 몸짓, 행동, 의견, 담론을 포획, 지도, 규정, 차단, 주조, 제어, 보장하는 능력을 지닌 모든 것"을 장치로 규정한 바 있다. 소위 전문가들이라는 자들은 이러한 장치 담론의 활발한 생산자로서 활동한다.

예컨대 4대강 개발의 사례에서 엿볼 수 있듯이 많은 전문가들이 온갖 수치를 들이대며 홍수와 가뭄의 방지, 농업용수의 원활한 공급, 수질 개선 등 효용성을 주장했지만, 이러한 주장의 바탕에는 금전적 평가, 곧 가시적인 경제적 효과에 대한 관심이 놓여 있었음은 부인하기 어렵다. 한 걸음 나아가 그러한 전문가의 주장이 과연 공익성에 입각한 것인지도 의문이다. 예컨대 한 대학교수가 가습기 살균제 업체에게 유리한 실험보고서를 작성했다는 혐의를 받고 있는 사례에서 짐작되듯이, 전문가의 지식은 개인의 경제적 회로에서 좀처럼 벗어나지 않기 때문이다.

좀 더 곰곰이 따져볼 점은, 한나 아렌트가 지적한 것처럼, 합리적 효율성의 세계에서 수단과 목적은 끝없는 순환 고리를 이루며 무의미성의 세계를 형성한다는 사실이다. 목적들은 짧은 시간 동안만 유지되다가 또 다른 목적을 위한 수단으로 전환되기 십상이고, 따라서 애초에 어떤 목적을 위해 취했던 행위의 의미는 상실되고 말기 때문이다. 그러한 무의미한 행위가 반복되는 세계에서 인간은 제대로 살아갈 수 있을까? 도구적 장치들의 포획에서 벗어나는 길 중의 하나는 경제적 가치보다는 관계적 가치에서 행위의 의미를 발견하는 것이다. 나의 행위가 경제적 효율성에 입각한 것인가를 따지기에 앞서 사물과 인간의 본성과 다른 생명체들에게 미칠 수 있는 영향을 고려해 보는 관계적 가치는 종교에서 발견할 수 있는 오래된 지혜이다. 여기서 방점은 종교의 '오래된 지혜'에 있지 종교에 참여하는 데 있지 않다. 그 오래된 지혜는 오늘날의 종교에서도 뿌연 먼지를 뒤집어쓴 채로 있다는 인상이 강하기 때문이다. 그러므로 오늘날 자기 스스로 오래된 지혜를 발견하고 실천하는 새로운 종교적 인간의 출현을 목도하게 되는지도 모르겠다.

덧붙여, 막내 아이가 가습기 살균제의 심각한 피해를 입지 않는 데 결정적인 공헌을 한 존재가 곰팡이였다는 점은 참 역설적이다. 우리 집은 복도식 아파트의 맨 끝에 있어서 방의 한쪽 벽은 바깥과 맞닿아 있었는데, 집 안과 밖의 온도차로 그 벽에 습기가 맺히면서 가구 뒷면에서부터 곰팡이가 무성히도 피어올랐던 것이다. 덕분에 가습기와 가습기 살균제는 더 이상 쓸모가 없어졌다. 대신에 한동안 곰팡이 제거제를 열심히 뿌려대는 수선을 떨기는 했지만.

박상언(2016.5.10)

밥과 무기와 믿음

바야흐로 불신의 시대이다.(2016년 현재--편집자 주) 국민은 정부를 믿지 못하고 정부는 국민을 믿지 못한다. 국민들끼리도 서로를 믿지 못한다. 세월호 참사와 메르스 사태를 거치면서 우리를 무던히도 괴롭혔던 이 문제가 이제는 국방과 관련하여 재현되고 있다. 사드 배치를 둘러싼 갈등이 그것이다. 일개 서생으로서 민감한 정치적 사안에 대해 발언하는 것이 썩 내키는 일은 아니지만, 세월호 참사와 메르스 사태도 그랬거니와 사드 배치 문제 또한 우리의 목숨과 직결되는 문제라는 점에서 마냥 무관심할 수 있는 사안은 아닌 듯하다.

연전 미국에서 발원한 한반도 사드 배치 주장을 둘러싸고 그동안 우리 사회에서는 논란이 계속되어 왔다. 사드를 설치하면 실제로 북한의 핵 도발을 저지할 수 있는가 하는 문제에 대한 논란을 배경에 두고서, 북한의 핵개발에 대한 대응방안으로서는 사드 배치가 유일한 대안이라는 주장과, 사드 배치가 중국을 자극하여 동북아의 군비 경쟁을 가속화시키고 전쟁의 위험성을 오히려 높일 것이라는 주장이 대립하여 왔다. 또 일각에서는 한국에 사드가 배치되면 현재 최대의 교역상대국인 중국과의 관계 악화로 인해 경제적으로 큰 타격이 있을 것이라는 의견도 개진하여 왔다.

그러나 정부는 이 문제에 대해 일 년이 넘도록 분명한 입장을 표명하지 않고 사드 배치에 대해서는 결정된 것이 없다고 계속하여 강변해 왔다. 그러다가 얼마 전 갑자기 장소는 언급하지 않은 채 북한의 핵 위협에 대처하기 위해 미국과의 협의 하에 사드를 한반도에 배치하기로 했다고 발표했다. 그리고 그 며칠 뒤에는 사드 포대를 경북 성주군에 배치할 것이라고 전격적으로 선언했다. 이에 대해 성주 군민들은 격렬히 반발하였고, 삭발과 농성, 시위를 통해 정부에 대한 불신을 토로하고 사드 배치 결정을 철회할 것을 요구하였다. 아래는 이와 관련된 보도들이다.

…사드 반대 범군민비상대책위 측 역시 "국방부가 환경 영향 평가나 주민설명회도 하지 않아 행정 소송 등 법적 대응을 검토 중"이라면서도 "대책위 회의와 군민 의견 수렴을 거쳐 방향을 결정하겠다"고 밝혔다. 성주의 표면적인 민심은 여전히 부글부글 끓고 있는 상태다. 14일 오후 5시쯤 성주군 양봉협의회장, 성원2리 이장 등 5명은 성주군청 현관 앞에서 사드 배치에 반대하며 삭발식을 했다. 한편 황교안 국무총리와 한민구 국방장관은 15일 성주를 방문해 민심을 청취할 예정이다.(《조선일보》 7월 15일자)

21일 오후 2시 서울역 광장에는 성주군민 2000여 명으로 구성된 '사드배치철회 성주투쟁위원회'가 '평화를 위한 사드배치철회 성주군민 결의대회'를 열어 사드 성주 배치 결정 반대 시위를 벌였다. 성주

군민들은 "사드배치 결사반대", "이 땅에 사드는 필요 없다" 등 구호를 외치며 정부의 일방적인 사드배치 결정을 강력하게 비판했다. 군민 20여 명은 사드배치에 항의하는 뜻에서 삭발하기도 했다. 김안수 공동투쟁위원장은 "사드배치 철회를 요구하는 성주군민들의 분노를 알리고자 상경했다"며 "책임자가 현장방문 한 번 하지 않고 책상 앞에서만 중대 결정을 한 것은 소가 웃을 일"이라며 목소리를 높였다. (《조선일보》 7월 21일자)

이러한 반발에 대해 정부의 수반인 박근혜 대통령은 국가안전보장회의에서의 발언을 통해, 사드 도입은 북한의 위협으로부터 우리 국가와 국민을 보호하기 위한 최선의 방법으로 정쟁의 대상이 아니며, 지역민들 사이에 '불순세력'이 개입하지 않도록 차단하여 분열과 사회 혼란을 막아야 한다고 역설하였다. 다음은 이와 관련한 박대통령의 발언 내용이다.

…정부가 사드 배치를 결단하게 된 것도 북한의 이런 위협으로부터 우리 국가와 국민을 보호하기 위한 최선의 방법이라고 판단해서입니다. 북한의 계속되는 공격 압박 속에서도 지금 일부 정치권과 일각에서 사드 배치를 취소하라는 주장이 있는데, 사드 배치 외에 북한의 미사일 공격으로부터 우리 국민을 보호할 수 있는 방법이 있다면 부디 제시해 주셨으면 합니다. … 지금 사드 배치에 대해 이것이 정쟁화되어 가고, 이것을 재검토하자는 것까지 몰고 가서는 안 된다

고 생각합니다. 국가와 국민의 생명을 지키기 위한 어쩔 수 없는 선택에 대해 우리가 분열하고 사회혼란이 가중된다면 그것이 바로 북한이 원하는 장으로 가는 것입니다. 모든 문제에 불순세력들이 가담하지 않게 하는 것이 중요하고, 그것을 철저히 가려내야 합니다. 이번 배치가 결정된 지역의 여러분도 대화와 소통으로 최선의 해결 방책을 찾을 수 있도록 해주시기 바랍니다. 국가안보와 직결된 사항에 이해와 협조를 해 주서서 앞으로 안전한 대비책을 만들 수 있도록 도와주시기 바랍니다.(《한겨레신문》 7월 21일자)

대통령의 말씀이 옳을 것이다. 안보 문제에 관한 한 국민 모두가 일치단결해야 할 것이다. 국민의 목숨과 공동체의 안위가 달린 문제가 아닌가? 그런데 서로 평행선이다. 전자파유해 문제에 대해 정부가 영향이 없다고 아무리 강조하여도 성주 사람들은 납득하려 들지 않는다. 그리고 여론은 사드를 배치해야 하는가에 대해서, 그리고 어디에 배치해야 하는가에 대해서 극심한 분열상을 보이고 있다.

그러면 한 번 따져 보자. 성주 군민들의 격렬한 저항이 불순세력의 개입과 조종으로 인해 일어난 일일까? 그리고 사드 배치 문제에 대한 사회 '일각'의 논란이 북한의 미사일 공격으로부터 우리 국민을 보호하는 것을 반대하자는 것일까? 그러지는 않을 것이다. 이 사단은, 사드 배치가 어째서 안보상 꼭 필요한지에 대해, 또 만약 그로 인해 야기되는 문제가 있다면 이를 어떻게 해결할 것인지에 대해 정부가 자세하고 명쾌하게 설명하지 않았기 때문에 벌어졌다. 바로 결정 과정의 불투명성과 조급함, 그리고 일관성 결여가 초래한 문제이다. 그렇다면 작금의 혼란은 정부가 야기했다는 말이다.

그러면 어떻게 해야 분열을 해소하고 문제를 해결할 수 있을까? 박대통령도 언급하였듯이 답은 소통에 있다. 일반 국민들이 모두 안보 전문가가 될 수도 없고 또 그럴 필요도 없다. 그러나 그렇기 때문에 국민들은 중요한 국가정책이 시행될 때 그 정책이 그 분야 전문가들의 충분한 토론과 의견 수렴을 거쳐서 결정되기를 바란다. 그리고 국민으로서 그 정책의 필요성과 실효성에 대해 충분히 설명을 듣고 납득할 수 있게 되기를 바란다. 그것이 바로 소통이다. 그리고 이는 민주국가라면 국민의 기본적 권리에 속하는 사항이다. 그런데 소통은 신뢰를 전제로 한다. 국가에 대한 국민의 신뢰야말로 공동체를 튼튼하게 만드는 가장 확실한 기초일 것이다. 다음은 아주 오래 전에 있었던 어떤 대화이다. 우리 시대에도 이 대화는 여전히 유효할 듯하다.

자공이 정치에 대해 물었다. 공자가 말했다. "경제를 잘 살펴 백성들이 먹고 살게 해야지. 나라를 지킬 군비를 충분히 갖추어야지. 백성들이 믿도록 해야지." "이 셋 중에서 어쩔 수 없이 하나를 포기해야 한다면요?" "군비를 포기해야겠지." "남은 둘 중에서 어쩔 수 없어서 또 하나를 포기해야 한다면요?" "경제를 포기해야겠지. 예로부터 사람은 누구나 다 죽지만, 백성들이 믿지를 않으면 설 수도 없거든."

-『論語』顔淵篇 제7장

김호덕(2016.7.26)

통계청의 '2015년 종교인구 조사'

통계청은 지난해(2016) 12월 19일, '2015년 종교인구 조사' 결과를 발표하였다. 종교인구 조사는 통계청이 1985년부터 매 10년마다 실시하는 조사이다. 이번의 조사 결과를 통해, 한국사회에 이전과는 다른 새로운 종교지형이 형성되고 있음을 볼 수가 있었다. 무종교인이 전체 56.1%로 종교인구보다 13%p나 많고, 개신교가 불교를 추월하여 1위의 종교가 되었다.

종교인구는 2,155만 4천 명으로 전체 인구의 43.9%를 차지하는데, 이는 10년 전인 2005년의 52.9%에 비해 무려 9%p 약 300만 명이 감소한 것이다. 그 감소분은 불교의 종교인구 감소분과 대체로 일치한다. 종교별로 보면, 개신교가 가장 많은 967만 6천 명(19.7%)으로 10년 전에 비해 1.5%p 125만 명이 증가하였으며, 불교는 761만 9천 명(15.5%)으로 10년 전보다 7.3%p 296만 9천 명이 감소하였고, 천주교는 389만 명(7.9%)으로 10년 전보다 2.9%p 112만 5천 명이 감소하였다.

종교계는 이 같은 종교인구의 급격한 감소와 새로운 종교지형의 형성, 종교 현장에서 느끼는 것과는 전혀 다른 조사 결과, 그리고 다른 종교인구 조사* 결과와 큰 차이 등의 이유를 들어 이번 조사의 조사 방법론까지 의문을 제기하며, 쉽게 수용하지 않으려고 한다. 그리고 어디에도 소속되지 않은 재가불자, 개신교의 '가나안신도',** 천주교의 냉담자의 답변 태도도 이번 조사 결과와 깊은 관계가 있을 것이라며 조사결과에 대한 해석이 분분하다. 종교별로 보면, 불교계는 개신교에 1위 자리를 내주고서 충격과 향후 여파에 대해 고심하는 중이다. 개신교계는 교회 현장에서는 신도가 줄고 있는데도 도리어 종교인구가 증가했다는 발표에 대해 이단 종교들이 너무 많이 증가한 것이 아닌가 하고 의심한다. 천주교는 2014년에 교황이 방한해 상당한 선교 효과가 있었음에도 천주교인이 줄었다는 것에 대해 관련 언급을 자제하고 있다. 그러나 통계청은 조사방법의 효율성이나 경비 때문에 이번과 같은 표본조사나 인터넷 조사를 지속할 것이므로 이번 조사 결과를 종교인구 통계의 새로운 기준으로 받아들이고 대책을 마련할 필요가 있다.

이번 조사의 결과가 다른 종교 조사에 비해 양적인 측면과 전통별 각론에서 좀 다른 모습을 보여주지만 종교인구의 전반적인 추세에서는 별반 차이가 없다. 최근의 여러 종교 조사 결과를 보면, 종교의 전

---

*   통계청의 인구주택총조사는 가구를 대상으로 조사한 것임에 비해 다른 종교 조사는 개인을 대상으로 조사한 것임.
** 교회에 출석하지 않지만 신앙을 유지하는 사람. 교회에 '안 나가'는 것을 뒤집어서 하는 말.

통적인 역할*에 대해서 무관심하고 종교의 사회활동에 대한 기대 수준이 점차 감소하는 추세가 현저히 나타난다. 또 개인주의 성향의 증가로 종교집단에 얽매이지 않으려는 경향도 분명히 드러난다. 그에 더하여 기성 제도종교에 대한 우리 사회의 부정적 여론도 만만치 않다. 이 모두가 우리 사회의 탈종교 현상의 요인들이다. 서구의 세속화 이론에 의하면, 일반적으로 탈종교 현상은 세속화에 따른 거대한 종교문화적인 흐름으로 출현하며, 초월성이 강하고 '성'과 '속'의 경계가 분명한 기독교를 주요 대상으로 하여 일어난다. 그런데 이번 조사의 결과는, 종교인구가 급격히 감소하는 가운데 개신교만이 증가세를 보이고 있다는 점에서, 서구의 세속화 이론만으로는 온전히 설명할 수 없을 듯하다. 오히려 암울한 한국적인 사회상황이 이러한 새로운 종교지형의 형성에 더 많은 영향을 끼친 것이 아닌가 한다.

필자가 보기에 최근 10년간 우리 사회를 지배하던 신자유주의와 저성장 기조, 그리고 탈근대의 문화조류 등 한국의 사회적 상황이 종교인구 증감에 더 큰 영향을 미쳤다. 이들 사조(思潮)들은 모두 우리 사회를 안정시키기보다는 개인의 생존을 위협하고 사회 불안을 야기하며 공동체를 해체시키는 방향으로 작동하였다.

먼저 우리 사회에서 절대적 가치로 기능하고 있는 신자유주의는 양극화 현상을 심화시켰을 뿐만 아니라 시장의 경쟁원리를 기본가치

---

* 신이나 초월자에 대한 믿음이나, 聖과 俗을 구분하는 가운데 성스러운 삶을 지향하는 것을 말한다.

로 삼아 성과주의를 강조하고 더불어 사는 공동체를 해체시키는 역할을 했다. 이로 인해 개인의 삶이 팍팍해지면서 사람들은 자신의 종교적 보호막을 쌓아 안식처를 만드는 데 골몰하게 되었다. 다음으로 탈근대적인 문화조류는 우리 사회에서 새로운 삶의 방향성을 모색하는 데 기여했다기보다는 기존의 가치와 조직을 해체시키는 역할을 주로 수행해 왔다. 이는 종교적 측면에서는 제도종교에서 탈피하고자 하는 경향과 세속과의 융합 현상, 그리고 영성을 강조하는 종교 형태로 나타난다. 마지막으로 우리는 지금 수십 년간의 성장 패러다임을 마감하고 한정된 자원을 서로 나누며 살아가야 하는 저성장시대를 맞고 있다. 성장시대에는 사람들이 자신의 능력에 의해 삶을 살고 있다고 생각하며, 더불어 사는 공동체에 대해서는 별로 관심을 가지지 않았다. 그런데 지금까지의 삶이 자신의 개인적 능력에 의한 것이 아니라 성장사회가 부여한 사회적 혜택이었다는 것을 깨닫는 순간, 미래에 대한 불안이 엄습할 수밖에 없다. 그런 불안을 해소하기 위해 너도나도 자신만의 피난처를 찾고 있다. 그럼에도 새로운 삶의 패러다임은 아직 나타나지 않고 있다. 이는 해방 이후 양적 성장에만 길들여져 왔던 종교에도 적용될 수 있다.

　지난 10년 동안 한국인은 상황 속에서 자신의 삶을 정의하기도 쉽지 않았고, 그렇다고 해서 지금의 고난만 극복하면 미래를 기약할 수 있는 것도 아니었다. 그야말로 헬조선이다. 그렇다고 기성 종교에 자신의 불안 해소와 미래 희망을 기대할 수 있는 상황인가 하면 그렇지도 않다. 일부에서는 기성 종교를 '반기독교'나 '비구독재'로 비하하고,

심지어는 그 운영방식을 비꼬아 '영혼주식회사'라고 질타하고 있지 않는가. 이에 일부 종교인들은 자신을 보호하고자 스스로 종교적 대안을 찾아 나섰고, 그 대안으로 등장한 것이 바로 '영성'과 '근본주의'였다. 전자는 제도종교를 해체하는 기능을 하였고 후자는 제도종교를 더욱 강화하는 역할을 했다. 개인적 피난처를 찾아 스스로 해결해 보겠다고 나선 개인에게는 탈근대의 영성이, 집단적 피난처를 찾고 있던 개인에게는 이성적 근대성에 저항하는 비합리적인 근대성을 가진 근본주의가 선택되었다. 이후 영성은 명상이나 수련을 강조하는 불교에 부정적으로 작용하여 제도종교와 관련된 종교인구를 감소시키는 핵폭탄이 되었고, 근본주의 신앙은 개신교에 긍정적으로 작용하여 제도종교를 더욱 강화시켜 신앙집단을 통한 피난처가 되었다.

여기에 더하여 2000년 초에 위기를 맞은 한국 종교의 내부 분열도 큰 영향을 주었다. 해방 이후 종교는 양적 성장과 더불어 민주화 운동에도 공헌한 바가 크다. 그러나 1987년 민주화 이후 종교는 역으로 시민사회로부터 비민주적 적폐의 온상으로서 개혁을 요구받게 된다. 당시 권위주의적인 종교권력에 대한 비판 여론이 적지 않았다. 종교가 집단적 이기주의에 함몰하여 사회적 공공성이 부족하다는 것이었다. 결국 2000년대 초부터 종교 내부의 개혁을 놓고 종교의 구성원들이 분열되기 시작하였다. 종교 내부의 동력을 가지고 위기를 극복해 보자는 핵심 성원과, 외부의 요구에 민감하게 작용한 주변 성원으로 양극화된 것이다. 이때 핵심 성원들은 자기 조직을 지키고자 자기 신앙과 교리에 더 집착하는 근본주의를 강화하였고, 주변 성원들은 종교

조직에서 떨어져 문제를 스스로 해결하려고 명상이나 수련과 같은 영성종교에 탐닉하게 되었다. 전자가 종교공동체를 철저하게 관리하는 개신교의 대형교회 사례라면, 후자는 불교공동체에 자기 위치가 없는 재가신도들의 사례다. 개신교는 근본주의 신앙을 가진 대형교회 중심으로 종교인구가 증가한 반면, 불교는 영성종교에 탐닉한 주변 신도들이 제도종교를 이탈해 종교인구가 크게 감소했다. 그 결과 한국사회에 새로운 종교지형이 등장한 것이다.

윤승용(2017.1.10)

국가가 개인의 종교를 물을 수 있는가?

　'2015년 통계청 종교인구 조사' 결과가 공개되었다. 조사 결과와 관련하여 종교연구자들 사이에서 활발한 논의가 등장하는 것 같다. 필자도 이번 조사 결과에 대해 많은 관심을 갖고 있지만 본격적인 분석보다는 몇 가지 단상을 대신 적어 보고자 한다. 우선 떠오른 것은 다른 나라들에서도 정부가 우리처럼 전 국민을 대상으로 정기적으로 종교인구 조사를 하고 있는가 하는 생각이었다. 이때 먼저 떠오른 나라가 미국이다.

　미국의 경우를 조사해 보니, 과거에는 이 나라도 전 국민을 대상으로 종교인구 조사를 한 적이 있다. 그러나 지금은 하지 않는다. 왜? 국가가 전 국민을 대상으로 "당신은 어떤 종교를 가지고 있습니까?"라고 묻는 행위 자체가 종교의 자유를 침해한다는 지적이 제기되었기 때문이다. 따라서 현재 미국에서는 정부가 아니라 민간 차원의 여론조사 기관들이 종교인구 관련 표본조사 작업을 하고 있을 뿐이다. 연구자들은 이 자료를 토대로 미국 사회의 종교와 관련한 연구를 수행한다.

　종교인구 조사와 관련하여 떠오른 또 하나의 나라는 인도네시아이다. 이 나라에서는 종교인구 조사를 하는 것은 물론이고 신분증에 개인의 종교도 표기한다. 그런데 인도네시아에서는 이슬람, 천주교, 개신교, 힌두교, 불교, 유교만 공식종교로 간주되기 때문에 이 여섯 종교 중 하나를 표기해야 한다. 그 이외의 종교에 속하거나 특정 종교를 신앙하지 않은 사람은 '기타'로 표기하거나 공란으로 남겨 두어야 한다. 우리에게는 매우 낯설게 보이는 이러한 제도가 왜 시행되고 있으며 인도네시아 국민들은 이 제도를 어떻게 생각하는가?

짧은 지면에 이 제도의 등장과 관련한 복잡한 역사적 배경을 논할 수 없고, 오늘날 인도네시아 국민들이 이 제도에 대해 보이는 반응만 간단히 언급해 보고자 한다. 신분증에 종교 표기를 의무화하는 제도에 대해 반대하는 사람들이 있는데, 이들은 주로 소수종교에 속한 기독교인 혹은 종교를 신앙하지 않은 사람들이라고 한다. 이들은 이 제도가 사회적 차별을 암묵적으로 조장한다고 하면서 폐지를 요구한다. 하지만 현재 인도네시아에서 지배종교의 위치를 점하고 있는 이슬람의 지도부는 이 제도의 존속을 강력히 주장한다. 이러한 상반된 반응은 특정 사회 안에 존재하는 주류(다수) 종교와 비주류(소수) 종교의 역학 구도를 생각하면 쉽게 이해될 수 있는 현상이다.

종교인구 조사와 관련하여 떠오르는 또 한 나라는 지중해 동쪽에 자리한 작은 국가 레바논이다. 이 나라는 미국과 마찬가지로 정부 차원의 종교인구 조사를 하지 않는데 그 이유가 전혀 다르다. 미국은 개인의 인권(종교자유) 침해 방지를 위해 정부 차원의 종교인구 조사를 하지 않는 반면, 레바논의 경우는 정치권력의 분배를 둘러싼 역학구도와 관련되어 있다. 이는 무슨 의미인가?

2차대전 종전 무렵 독립국가로 탄생한 레바논에는 건국 당시부터 다양한 종파가 난립하고 있었다. 거시적으로는 기독교와 이슬람으로 양분되지만 기독교와 이슬람 내부에 각각 다양한 종파가 난립하는 구도이다. 더구나 이 종파들은 여러 이유로 인해 상호간 심각한 갈등과 충돌의 역사를 경험하였다. 따라서 건국 당시 레바논은 종파별 교세에 따라 권력을 배분하는 독특한 종파안배제도(confessionalism)를 채택하였다. 독립 이전에 실시된 종교인구 조사 결과가 권력배분의 기준이 되었는데 당시 기독교인과 무슬림의 비율은 엇비슷하였다. 이에 따라 대통령은 기독교인(마로나이트파), 총리는 무슬림(수니파), 국회의장은 무슬림(시아파), 국방장관은 기독교인(마로나이트파)의 몫으로 배분하는 등 중앙권력과 지방권력을 종파의 교세에 따라 안배하였다. 그런데 시간이 지나면서 기독교인들의 해외 이주와 아랍인의 유입으로 기독교인의 숫자는 점차 줄어들고 무슬림이 증가하는 현상이 나타났다.

따라서 이슬람 측에서는 종교인구 조사를 다시 하여 종파별 권력배분을 재조정할 것을 요구하였지만 권력의 핵심을 차지하고 있는 기독교 마로나이트 진영에서는 이 요구를 받아들이지 않고 있다. 종교인구 조사 결과가 초래할 후폭풍이 두렵기 때문이다. 오늘날 레바논에서는 이 제도가 정국 안정보다는 사회 분열을 조장한다고 하면서 제도의 폐지를 요구하는 목소리도 높지만 아직도 유지되고 있다.

지금까지 개략적으로 서술한 것처럼 3개국(미국, 인도네시아, 레바논)은 각국의 역사적 경험의 차이에 따라 종교인구 조사와 관련하여 다른 제도를 시행하고 있다. 만일 우리나라에 인도네시아처럼 주민등록

중에 종교표기란을 두자고 하면 사람들은 어떤 반응을 보일 것인가? 또 레바논처럼 종교인구의 비중에 따라 권력을 배분하자고 하면 어떤 반응이 나올까? 이 두 제도의 도입에 찬성하자는 사람은 거의 없을 것으로 보인다. 그런데 만일 미국의 경우처럼 종교인구 조사가 개인의 종교자유를 침해하므로 중지해야 한다는 주장이 나오면 사람들은 어떠한 반응을 보일까? 무지의 소치인지 알 수 없지만 필자는 아직까지 우리나라도 종교인구 조사를 중지해야 한다고 진지하게 주장하는 사람을 주변에서 본 적이 없다. 이는 무엇을 의미하는가?

이진구(2017.1.17)

'갈라파고스 증후군'

　갈라파고스라는 섬이 있다. 에콰도르 땅으로 남미 해안에서 926km 떨어져 있다. 19개 섬으로 구성된 제도인데 전체 면적이 전라북도 만하다. 갈라파고스는 다윈으로 인해 유명해졌다. 갈라파고스는 대륙에서 멀리 떨어져 있는 탓에 고유종 생물이 많다. 탐사선 비글호에 타고 갈라파고스에 도착한 다윈은 이들 고유종으로부터 진화론에 대한 통찰을 얻었다.

　'갈라파고스 증후군'이라는 말이 있다. 자국 시장만을 염두에 둔 제품을 만들어 글로벌 경쟁에서 뒤처지는 현상을 가리키는 말이다. 일본 기업들이 만든 휴대전화가 국내 소비자 취향만 따르다가 세계 시장과 단절된 상황을 설명하기 위해 처음 쓰였다. 세계를 선도하던 일본 휴대전화가 '고립'되고 '단절'된 갈라파고스의 고유종처럼 된 상황을 빗댄 것이다.

　'갈라파고스 증후군'은 여러 곳에서 발견된다. 동종교배나 순혈주의를 강조하는 조직, 그것이 학교건 회사건, 심지어 교회까지도 그 증후군에서 벗어나기 쉽지 않다. 한국 개신교회는 갈라파고스 신드롬이 중증 상태로 보인다. 주변과 이웃에 대한 고려나 배려 없이, 차별과 배제를 통해서 자신들의 생각과 행동을 정통으로 규정하는 한국 개신교의 행태는 중증 상태다.

올해(2017)는 종교개혁 500주년이다. 올 한 해 한국 개신교는 한국 사회에 풍성한 담화거리를 제공했다. '창조과학'을 신봉하는 장관 후보자, 목회자의 교회 내 성폭력, 교회 내 성 불평등, 동성애, 교회 세습, 목회자의 교회 재정 유용, 종교인 과세 등 여러 방면에서 한국 개신교는 관심과 화제를 불러 일으켰다. 2017년 9월 18일부터 한국 개신교는 각 교단별로 총회가 열린다. 종교개혁 500주년을 맞이하는 한국 개신교회의 교단에게 올해 총회의 의미와 무게는 각별하다. 그러나 이들 총회의 모습은 개신교의 분리와 고립을 더 강화시키는 방향으로 진행되는 듯하다. 여성안수를 주지 않는 교단, 목회자 성폭력이 심각한 문제가 된 교단, 성차별이 당연시되는 교단의 총회는 여성이나 성평등을 위한 안건이 하나도 없다. 한 초대형 교회의 세습 시도가 문제인 교단은 '세습 금지는 기본권 침해'라고 세습방지법의 개정을 시도한다. 동시에 차별금지법과 동성애, 종교인 과세에는 한 목소리로 반대한다.

한국 개신교의 '구별'과 '배제'와 '차별'을 강조하는 목소리가 인구의 5분의 4가 비개신교인인 한국 사회에서 공감과 동의를 얻을 수 있을지 궁금하다. 한국 개신교인의 배제와 차별의 행태는 '갈라파고스 증후군'의 표출이다. 이 '갈라파고스 증후군'은 갈수록 정신적으로, 행태적으로 편집증적 증상을 보이면서 고립과 단절을 강화한다. 갈라파고스가 전라북도 만한 땅이니, 얼마의 그리스도인들끼리 따로 살 수 있을지 모르겠다. 19개 섬에서 서로 단절되고 고립되어⋯. 하지만 그 갈라파고스에서 어찌 창조세계를 하나님의 나라로 실현할 수 있겠는가.

종교개혁의 기본 정신은 '관용'으로 귀결된다. '관용'의 정신은 그 기원이 가톨릭과 개신교의 신앙의 차이에서 발생한 문제를 해결하기 위한 과정에서 생겨났다. 종교개혁 이후 가톨릭과 개신교의 분열은 서로를 악으로 규정하고 상대를 부정하면서 종교분쟁을 넘어서 종교전쟁으로 확장되었다. 프랑스에서 1572년 '성 바돌로메 축일'에 가톨릭교도들이 개신교도 삼천 명을 학살하는 사건이 발생했다. 이 비극 이후 종교적 정통성이라는 이름 아래 벌어진 집단 광기와 잔인한 인간 행위에 대한 반성이 시작되었다. 1598년 앙리 4세는 낭트에서 종교 자유를 위한 칙령을 공포했다. 이 '낭트 칙령'은 프랑스의 개신교도인 위그노에게 종교의 자유를 광범위하게 부여한 것으로, 예배의 자유와 완전한 시민권을 허용했다. 신앙 선택의 자유와 소수자들에 대한 차별을 금지하는 '똘레랑스'의 시작이었다. 프랑스판 '차별금지법'이 시작된 것이다.

종교다원주의 사회에서 '관용'의 효용성은 자명하다. 관용은 동의하지 않더라도 어쩔 수 없이 감내하거나 복종해야만 하는 그런 원리가 아니다. 특별히 그리스도인에게 '관용'은 신앙의 핵심 지표이기도 하다. 그리스도인에게 관용은 동의할 수 없는 것, 반대하는 것에 대해 무관심이나 무기력한 것이 아니다. 그것은 차이와 다름을 존중하는 것으로, 좀 더 적극적으로 신앙을 실천하는 행위이다. 이렇게 관용이 소중히 가꾸어야 할 핵심적 가치인 것은 '창조세계의 다양성'과 '모든 존재가 하나님에게 관용 받는 존재라는 성서의 가르침'을 볼 때 더욱 그러하다.

차이와 다름을 용인하는 '관용'에 대한 그리스도교의 가르침은 이것들을 차별과 억압, 배제의 근거로 삼지 말라는 것이다. 더 나아가 그 차별과 억압, 배제를 가능케 하는 개인적, 사회적, 제도적 장애를 제거하는 노력을 요청하는 것이다. 차별과 배제를 넘어서서, 그런 것을 가능케 하는 제도와 구조를 철폐하도록 부름 받은 존재가 그리스도인이다. 그리스도인이어서 관용이 아니라, 관용을 통해서 참다운 그리스도인이 되는 것이다. '관용'을 통해 그리스도인이 되는 것, 그것이 종교개혁 정신으로 오늘 다시 살아가는 것이다. 한국 개신교인은 과연 그런 그리스도인들인가?

신재식(2017.9.19)

불교와 폭력

이 시대의 특징이 폭력과 살상뿐이라고 단순화해도 부정할 길이 없게 됐다. 지나친 폭력과 살상이 우리 주변에서 난무하기 때문이다. 한 개인이 자행하는 살상은 물론 국가 간의 대량살상을 전제로 한 발언들도 마구 쏟아져 나온다. 일촉즉발 공포분위기를 조성하는 발언은 이미 정치적 수사(修辭)의 정도를 넘어섰다. "두고 보면 알 것이다" 혹은 "폭풍전야로 생각하라" 등의 발언은 이미 정치지도자의 언행일수 없다. 내가 이번 여름에 여행했던 지역의 인근인 라스베가스에서는 60명 가까운 사람들이 무차별 총격의 희생물이 됐다. 그 흔한 살상의 명분이나 자신의 정당성을 내세우는 매니페스토도 한 장 없다. 일찍이 이런 사태를 경험한 적이 있었던가? 실로 공전절후의 상황 속에서 우리가 살고 있다. 우리를 유지시키던 삶의 표준들이 더 이상 아무런 의거처가 되지 못한다. 우리가 위로 받을 수 있는 윤리/종교적 명분들이 과연 아직도 유효한 것일까? 폭력과 공포가 휩쓸고 있는 이 시기에 종교의 사랑과 자비, 인내와 용서는 도대체 어떻게 작동하는 것일까? 실로 곤혹스러운 난제를 우리는 떠안고 있다. 사랑과 용서가 작동하지 않는다면 아예 포기해야 할 것인가?

그런데 최근 나를 더욱 곤혹스럽게 만든 것은 종교를 표방하면서 다른 인종을 말살한다는 기사를 읽었을 때였다. 그 기사에 따르면 미얀마에서 소수인종 집단인 로힝야족에 대해 인종청소 수준의 학살이 자행되고 있다. 그 배후에는 노벨평화상을 수상한 아웅산 수치가 있다. 미얀마정부의 실권자인 수치는 침묵으로 일관하여 사실상 로힝야족의 탄압을 묵인하고 있다는 보도가 뒤따른다. 이 기사를 읽는 불자는 당혹감을 지울 수 없을 것이다. 미얀마는 전형적 불교국가가 아닌가? 50년대 우누정권은 불교사회주의를 표방하며 자본주의 병폐를 극복하려 했다. 불교적 공동체의 삶을 위해 공산/사회주의마저 수용하려 했다. 그래서 당시 공산주의, 마르크시즘에 대해 본능적인 의구심을 지닌 우리를 놀라게 한 기억이 있다.

본래 버마(당시 호칭)는 영국의 전형적인 식민통치 지역 가운데 하나였다. 영국 식민정부는 로힝야족을 인도 대륙으로부터 대거 버마로 이주시켰다. 2차 세계 대전이 벌어지자 일본은 영국을 패퇴시켰고 이 지역을 장악했다. 그 유명한 '콰이강의 다리'는 바로 이때 버마와 태국을 연결하기 위해 세워졌다. 버마는 종전과 함께 독립을 얻어 불교적 사회주의 체제를 표방했다. 버마는 민족국가 재흥을 시도했으나 우리의 경우처럼 군부독재에 의해 석권되었다. 얼마 전까지 군부의 네윈 잔존 세력은 버마 민중들을 탄압하면서 지배해 왔다. 그에 대항한 아웅산 수치는 결국 미얀마의 자유를 가져왔고, 군부와 타협한 새 정부가 탄생하였다. 그런데 이때부터 식민통치의 결과로 버마에 남겨진 로힝야족은 주변 미얀마인과의 공생이 문제가 되었다. 로힝야족에 대한 미얀마인의 시선은 달가울 수 없었다. 미얀마에서 로힝야족이 겪는 비극적 처지는 그렇게 만들어졌다.

이런 역사를 지닌 로힝야족에 대해 미얀마인이 인종차별과 탄압을 하는 것을 보고 특히 불자들은 실망할 수밖에 없다. 나도 마찬가지로 실망감을 감출 수 없다. 수치 여사의 남편인 마이클 아리스(Michael Aries)는 티벳불교 전공자로서 수치가 연금당하고 있을 때, 하버드 대학교에서 불교 강의를 해서 나와 개인적인 친분도 있다. 한마디로 모든 면이 불교와 연관된 아웅산 수치의 정권에서 이런 인종말살의 폭력이 자행되는 상황은 상상조차 하기 어려운 일이다. 자비와 관용을 표방하는 불교적 기반 위에 놓인 미얀마에서 이런 폭력이 일어나는 일을 도대체 어떻게 이해할 것인가? 모든 뉴스미디어는 폭력화된 미얀마 불교의 현장을 생생하게 보여주고 있다. 불자들이 그토록 귀중하게 여기는 비폭력과 관용은 사라져 버린 것인가? 과연 "불교는 배반했는가?"고 묻지 않을 수 없다. 그래서 불교 역시 기독교나 이슬람처럼 폭력에 동참한 것은 아닌가 하고 개탄하게 된다. 사랑과 형제애를 주창하지만 가톨릭과 프로테스탄트는 북 아일랜드에서 살상을 주저하지 않았고, 간디의 비폭력 주장에도 불구하고 인도에서 힌두교와 이슬람 간의 빈번한 살상은 그치지 않았다. 그렇다고 불교의 폭력이 합리화될 수는 없다. 불교와 폭력의 상관관계는 무엇으로 설명될 수 있는가?

우리는 군사적 폭력이 자비로 전환되는 전형적인 예로 아쇼카 왕의 선정(善政)을 떠올린다. 칼링가 전쟁의 무참한 살육전 이후, 아쇼카 왕은 포악한 군주에서 정의와 자비의 제왕으로 변신하였다. 아쇼카 왕의 비명(碑銘)은 그가 종교 간의 갈등을 포용과 공생의 관계로 바꾸고, 종교와 현실 정치의 상관관계를 잘 매듭지은 것을 보여준다. 그는 힘과 살육으로만 제패하려던 현실을 달리보기 시작한 것이다. 그는 불교적 '달리보기'로 정치 현장을 풀어갔다. 곧 현실에 참여하는 불교를 표방하였다. 그에게 문제는 불교 교설을 정당화하는 것이 아니라 삶의 현장에 어떻게 적용시키는가 하는 것이었다. 우리의 경우 서산대사, 사명대사는 임진왜란 당시 청정수행의 선승으로서 살생이 자행되는 전장으로 뛰어 들어갔다. 우리는 이분들의 위대함에 환호한다. 그러나 불승으로서 적을 무찔렀기에 위대한 것이 아니라, 인간성을 말살하는 전쟁을 종식시키기 위함이었기에 그 위대한 가치를 현양하는 것이다. 동족을 구한 국가주의, 민족주의 때문에 그분들의 정신이 고귀한 것은 아니다. 2차 대전 동안 일본의 선불교도 정치 현장에 개입했다. 그러나 일본 선불교의 경우에는 침략정책을 합리화했기 때문에 그 잘못을 추궁당하고 있으며, '전쟁을 하는 일본 선(Zen at war)'이란 비판을 받고 있다.

살생과 폭력을 용납하지 않는 것이 선승의 도리이고 불자들의 확고한 신념이다. 그러나 보편적 사랑과 자비의 이념은 현장을 따라 모습이 다를 수 있다. 불교 이념은 구체적 현장에 적용되고, 이에 따라 현장은 변화되고 현실은 개혁된다. 아쇼카 왕이 그랬고 서산대사, 사명대사가 그랬으며, 정반대의 방향이지만 일본의 선불교가 그랬던 것처럼 말이다. 현장의 평가는 각기 다를 수밖에 없다. 불교가 참여한 현장만이 우리들에게 종교의 구체적인 자비와 사랑의 메시지를 전한다.

불교가 배반을 한 것이 아니라 불교를 담지하는 우리가 배반을 하는 것이다.

외신을 통해 전달되는 곤혹스러운 정치 현장들이 우리 앞에 있다. 그것을 어떻게 돌파하느냐의 요청이 우리들(불자들)의 결단을 기다린다. 곧 아쇼카 왕이거나 서산대사, 사명대사 같은 불법의 담지자들이 했던 것처럼 우리가 구체적으로 참여하기를 기다리는 것이다.

미얀마의 잔인한 인종청소 행위는 즉각 중단되어야 한다. 종교의 다름, 종족의 차이를 갈등으로 비화시키는 행위도 중단되어야 한다. 또 그런 차이를 마치 적대적인 세력의 길항관계인 것처럼 보도하거나 이끌어가는 시도 역시 중단되어야 한다.

아웅산 수치가 받은 노벨평화상을 박탈하라는 주장이 제기되고 있다. 그렇게 한들 노벨상의 이념을 깨끗하게 할지는 모르나, 이미 더럽혀진 학살의 현장이 청정해 질 수는 없다. 깨끗함을 표방한 또 하나의 비난과 저주의 악순환이 되풀이될 뿐이다. 외신이 전하는 미얀마사태를 바라보며 불교의 이념이 얼마나 공허해질 수 있는지를 절감한다. 하지만 불자 한 사람의 참여가 불교의 배반을 역전시킬 수도 있음에 희망을 걸고 곰곰이 반추해 본다.

이민용(2017.10.24)

* 이 글은 《금강신문》 칼럼으로 쓴 내용을 보완하고 확장한 것이다.

제3부

단상

3월의 봄, 입학식을 기억하며

노란 개나리와 붉은 진달래보다 봄을 먼저 알려주는 전령사들이 있다. 겨울의 찬 공기가 아직은 가시지 않았지만 3월의 봄은 입학식과 더불어 찾아온다. 벗지 못한 겨울 외투 사이로 조심스럽게 멋을 낸 화사한 칼라는 올해의 봄이 신입생의 것임을 알려준다. 그 풋풋한 청춘이 봄이었음을, 시간이 멀리 지나고 나서야 알기에 3월이면 학교가 그립다.

1817년(순조 17) 3월에 많은 사람들이 성균관에 모여들었다. 9세인 효명세자(孝明世子, 1809-1830)가 입학례(入學禮)를 거행하기 때문이었다. 어린 나이임에도 단아한 모습, 법도에 맞는 행동, 가락에 맞는 낭랑한 목소리, 사부(師傅)격인 노인 남공철(南公轍, 1760-1840)과의 예리하고도 성숙된 문답 등 효명세자의 움직임 하나하나에 수많은 신하와 백성들의 시선이 집중되었다. 실록에서는 이날 성균관 반궁의 다리를 에워싸고 목을 내밀어 구경하는 사람들이 수천 명이었다고 전한다. 이와 같이 조선시대에도 입학식이 있었고, 그 대표적인 사례가 왕세자의 입학식이다. 비록 단체 입학식은 아니지만, 그리고 봄에 거행하는 것도 아니지만 학교를 찾는 왕세자의 모습에서 당시 사람들은 훗날을 기약하는 봄기운을 느꼈을 것이다.

왕세자 입학식은 크게 대성전(大成殿)에서 거행하는 작헌례(酌獻禮)와 명륜당(明倫堂)에서 거행하는 입학례(入學禮)로 구분된다. 작헌례는 대성전에 모셔진 공자에게 술을 올려 예를 표하는 의식이다. 이를 마치면 강당인 명륜당에 나아가 스승을 찾아뵙는다. 이 과정은 다시 왕복의(往復儀), 수폐의(脩幣儀), 입학의(入學儀)의 순서로 진행되었다. 왕복의는 명륜당 대문 밖에서 가르침을 청하는 왕세자와, 명륜당 동계에서 부덕(不德)하여 가르칠 수 없다는 사부(師傅) 사이에 오가는 간청과 사양의 의식이다. 왕세자의 세 번째 청에 스승은 가르침을 수락한다. 이에 왕세자가 들어와 폐백을 바치는 의식이 수폐의이다. 그리고 마침내 입학의를 거행한다. 스승이 강당의 동쪽 편에서 서쪽을 향하여 앉으면 세자가 서쪽 계단으로 당에 올라와 박사 앞에 앉아서 가르침을 받았다. 그들 사이에 책상과 책이 놓여 있다.

　　효명세자의 입학식에 스승 남공철이 가르친 첫 수업은 『소학(小學)』의 첫 부분에 나오는 제사(題辭)였다. 이 부분은 "원형이정(元亨利貞)은 천도(天道)의 상도(常道)이며, 인의예지(仁義禮智)는 인성(人性)의 벼리이다"라고 시작한다. 세자가 다 읽은 후 남공철이 세자에게 한 첫 질문은 '원형이정이 무엇인가'라는 것이었다. 세자의 첫 질문은 '성품(性)이 무엇입니까'였다. 이제 학문에 갓 들어온 초입자 치고는 너무도 심오한 질문이다. 그럼에도 이를 통해 학교에서 무얼 가르치고 배울 것인지를 알 수 있다. 남공철은, 사람들이 물욕(物慾)에 가리워 쉽게 포기하기 때문에 성인(聖人)이 학교를 세웠으며, 스승은 선각자(先覺者)로서 후각자(後覺者)를 깨우치는 사람이라 설명하였다.

효명세자의 입학식을 다시 보면 제일 먼저 한 것이 공자를 모신 사당인 대성전에 나아가 술을 올리는 것이었다. 조선시대 학교에는 이렇게 강당과 사당이 함께 있어 선각자들의 위패를 모셔 두었다. 이러한 제도를 묘학제(廟學制)라고 하였다. 세상이 바뀜에 따라 교육도 변하였으니 이젠 공자의 사당을 학교에서 찾을 수 없거니와, 공자가 지금 시대에 태어났으면 아마 대학에도 못 들어갔을 것이다. 그러나 누가 있든 자연과 인간, 천도와 인성에 대한 물음과 대답을 들을 수 있다면 학교는 인생의 봄날이 되고 삶의 자양분이 될 것이다.

이욱

연애와 종교

사랑은 종교에 대한 오래된 비유 중 하나이다. 탄트리즘, 성경의 「아가서」에 묘사된 농도 짙은 사랑, 예수님의 신부를 자처했던 중세 여성 신비가 등 종교사 전반에 걸쳐 논할 자료들이 무궁무진할 것이다. 내가 이 글에서 언급하고 싶은 것은 종교 관련 학자들의 글에서 찾아볼 수 있는 사랑 이야기이다.

아마도 사랑 이야기는 종교학 수업에서 단골 소재이지 않을까 싶다. 연애 이야기와 종교를 관련시키는 것 자체로 권태롭기 그지없던 학생들의 눈빛이 단번에 반짝일 것이기 때문이다. 연애와 종교의 관련성을 유사성으로 볼 것인지 연속선상에 놓인 것으로 볼 것인지는 학자에 따라 다를 수 있다. 하지만 이 비유는 그 자체로 현대인의 삶과 멀어 보이는 종교를 단번에 자신의 삶 중심에 놓고 생각하게 하는 힘을 지닌 것이기 때문에 공들여 다듬어놓을 필요가 있다고 생각한다.

학자들의 문헌에도 사랑 비유는 빈번하게 나온다. 메소포타미아 종교에 대한 책에서 보테로(Jean Bottro)는 종교의 핵심적 경험은 사랑과도 같은 것이라고 설명한다. 그에 따르면 "사랑은 막을 수 없는 힘으로 우리 서로를 닿을 수 있는 범위에 있는 '상대방' 쪽으로 끌어당긴다. 그 안에서 우리는 살아가는 데 없어서는 안 되고 우리 자신에 필수적인 풍요로움을 어렴풋이 느낀다." 성스러움의 감정 역시 그러하다고 그는 설명한다.

　나는 사랑을 통해 종교경험을 설명하는 것보다는 종교행위를 설명하는 것에 관심이 많은데, 이러한 면으로는 엘리아데(Mircea Eliade)의 언급이 대표적이다. 엘리아데는 『성과 속』에서 성스러운 공간을 설명하면서 현대인에게도 특별한 공간에 대한 경험이 있음을 환기시킨다. "다른 모든 장소들과 질적으로 다른 특권적인 곳들이 있다. 태어난 곳, 첫사랑의 현장, 젊은 시절에 처음 방문한 외국 도시의 어떤 장소들이 그런 곳들이다." '첫사랑의 현장'이라는 간단한 언급만으로도 설레임을 불러일으키는 것이 엘리아데 글의 힘이리라. 많은 종교학 수업에서 연애가 언급되는 방식이 이러하지 않을까 싶다. 종교와 연애의 눈에 띄는 공통점은 이전에는 그리 대단치 않았던 것들이 의미화된다는 것이다. 어떤 장소, 물건, 날들이 특별한 것으로 누군가와 공유되는 경험은 현대인에게 소중한 것인 동시에 종교 이해의 길을 열어주는 것이기도 하다.

　그러나 엘리아데에게 종교와 연애는 연속적인 것이기도 하지만 돌이킬 수 없는 단절을 내포한 것이기도 하다. 연애는 탈성화(脫聖化)된 현대인의 경험이다. 그것은 성스러움의 '타락한 형태', '유치화된 형태' 혹은 좀 순화해서 말해도, 흔적에 불과하다. 나는 엘리아데가 노정하는 단절이 불편하다. 이러한 점에서 전통적인 성스러움과 연애 경험의 연속성을 논의하는 다른 방식의 책이 나의 눈길을 끈다. 감정사회학자 에바 일루즈(Eva Illouz)의 『낭만적 유토피아 소비하기』이다. 자본주의 사회에서 낭만적 연애가 이루어지는 방식을 분석한 이 책이 뜻밖에도 종교와 연관이 되는 것은 일루즈가 뒤르켐 노선을 계승하기 때문이다. 그는 전통사회의 성스러움이 세속화된 현대사회에서 다른 형태로 유지된다는 뒤르켐 테제를 받아들여 현대의 연애는 과거 성스러움의 연장선상에 있다는 점을 강조한다. 구체적으로는 현대의 연애를 구성하는 '소비의례'는 빅터 터너(Victor Turner)가 강조한 전이 상태의 의례로 기능한다. 현대인들은 낭만적 연애에 취하여 평소에 쓰지 않던 곳에 지갑을 열게 되는데, 그 소비의 순간은 잠시나마 일상의 질서가 뒤집히는 의례로서 경험된다는 것이다. 구체적인 쟁점은 생략하고 큰 틀에서 정리하자면, 이 책은 연애를 종교의 연속선상에서 이해하는 관점을 취한다는 점에서 흥미롭다. 종교와 연애를 연속선상에서 보는 관점은 엘리아데와 뒤르켐이 공통적이라고 할 수 있지만, 엘리아데의 경우 '타락'이라는 강력한 언어가 둘 간의 단절을 두드러지게 한다면 뒤르켐주의 사회학에서는 '세속화'에도 불구하고 존재하는 연속성의 구체적인 지점들을 드러내는 작업이 용이한 것 같다.

우리는 종교를 연애에 즐겨 비유한다. 비유의 강도는 학자마다 다를 수밖에 없다. 그 비슷함이 구조적 유사성에서 오는 것인지 같은 뿌리의 감정이기에 그러한 것인지 입장을 정리하여 비유를 가다듬는 일은 중요하다고 생각된다. 종교도 어렵지만 사랑도 어려운 법. 그 둘을 비교하는 일이 단박에 이루어지지는 않은 터이다.

방원일

크리스마스 트리와 초파일 연등

　2016년 올해도 달력의 마지막 한 장을 남겨둔 12월이 시작되었나 싶더니 벌써 3분의 1을 지나고 있다. 해마다 11월말-12월초가 되면 서울의 거리는 반짝이는 크리스마스 트리로 장식되곤 하였지만, 올해는 트리 대신 수많은 촛불이 거리를 메우고 있다. 그래도 서울시청 앞을 비롯한 곳곳에는 연말을 맞아 크리스마스 트리가 빛을 발하고 있다.

　크리스마스(Christmas)란 '그리스도의 미사(the Mass fo Christ)'라는 의미를 가진 고대 영어에서 비롯되었다고 한다. 즉 예수의 탄생을 축하하는 미사를 가리켜 크리스마스라고 한 것이다. 매년 12월 24일 밤이 되면 성당에서는 미사가, 교회에서는 예배가 행해졌다. 전국의 모든 교회와 성당에서는 이날을 기념하여 크리스마스 트리를 세운다.

　어린 시절만 하더라도 해마다 연말이면 거리는 반짝이는 트리와 캐럴송으로 가득하고, 구세군의 자선냄비 종소리는 거리를 훈훈하게 만들며, 지인들끼리 크리스마스 카드나 연하장을 보내는 것은 흔한 풍경이었다. 그러나 언제부터인가 거리를 나가도 구세군의 종소리는 겨우 들리지만 트리나 캐럴송, 그리고 크리스마스 카드와 같은 것은 예전처럼 쉽게 접할 수 없게 되어 아쉬운 마음도 한편에 자리한다.

　크리스마스 트리가 언제부터 시작되었는지는 분명하지 않다. 가장 오래된 사례는 16세기 초의 크라나하(L. Cranach, 1472-1553)의 동판화에 새겨진 것으로 알려져 있다. 또한 1605년의 알자스 지방의 스트라스부르 연보에는 크리스마스에 색종이로 만든 장미꽃이나 사과, 설탕 등을 장식하였다는 기록이 있다고 하는 것으로 보아 이 무렵 이 지역에서 일반화된 것으로 생각된다. 이 지역은 독일 문화권에 속하므로 현재로서 트리는 독일에서 비롯된 것으로 볼 수 있다. 마르틴 루터로부터 트리가 유래되었다는 설도 있지만 명확하지는 않다. 그보다는 이전부터 독일 지역에서는 연말연시 무렵 생명력을 상징하는 전나무와 같은 상록수의 나뭇가지를 장식하는 풍습이 있었다고 한다. 이 시기가 크리스마스와 겹치면서 게르만의 풍습과 크리스마스가 결합되어 크리스마스 트리가 유래되었다고 보는 것이 더 일반적이다.

독일 민간의 이런 풍습은 독일의 궁정으로, 그리고 귀족이나 부유층에게 퍼지게 되었고, 뒤이어 영국과 프랑스, 미국 등에도 차례로 전파되어 전 세계로 퍼지게 된 것이라고 한다. 그렇게 본다면 크리스마스 트리가 세계적으로 일반화된 것은 19세기 말에서 20세기 초, 그러니까 대략 백여 년에 불과한 것이라고 할 수 있다. 또한 크리스마스 트리는 본래 크리스마스 날부터 공현일(1월 6일)까지만 장식되었다고 한다.

한국에 크리스마스 트리가 언제부터 시작되었는지도 분명하지 않다. 그러나 1923년 7월 17일《동아일보》에 연재된 이희철의 소설에 크리스마스 트리가 등장하는 것으로 보아 한국의 크리스마스 트리 문화도 백여 년 가까이 된 것으로 보인다. 가까이는 1964년 휴전선 앞 김

포시의 애기봉에 거대한 등탑을 세워 트리로 만든 개신교계의 사례도 있다. 애기봉 등탑은 2004년 남북 군사회담을 통해 점등하지 않기로 하였다가 2010년 재개되었지만 2013년 다시 철회되어 올해도 점등하지 않는다고 한다.

한편 서울시청 앞 광장이나 일부 관공서에도 트리가 장식되어 사람들에게 연말연시를 알린다. 올해도 어김없이 12월이 찾아오고 역시 서울시청 앞 광장, 구미시청, 순천시청, 여수시청 등을 비롯한 일부 관공서에 트리가 세워졌다. 서울시청 앞의 트리 점등식에는 개신교계를 주축으로 서울시장과 주한미국대사 등이 참석했다고 한다. 또한 한국의 관문인 인천국제공항에도 역시 크리스마스 트리가 세워졌다.

크리스마스 트리와 맞물려 생각나는 것이 사월초파일의 연등행사이다. 연등을 설치하는 것은 사월초파일을 맞은 불교계의 주요행사 가운데 하나이다. 연등행사의 유래는 불교 초기부터 시작되었던 것으로 전해진다. 고려시대에도 연등회는 국가의 주요한 연례행사의 하나였다. 성리학을 지배이념으로 하는 조선시대에 들어와 이러한 국가적 연등행사는 사라졌지만, 불교계의 주요 행사의 하나임은 분명하다. 현대에 와서도 초파일을 맞아 연등행사를 하는 것이 불교계의 주요 연례행사이다. 크리스마스 트리와 마찬가지로 이 무렵이 되면 서울시청을 비롯한 여러 공공기관에 연등이 설치된다.

그러나 이러한 행사들이 항상 순탄하기만 했던 것은 아니다. 2013년 인천공항에서 연등의 설치를 반대했다가 불교계의 항의를 받고 허가를 해 준 일이 있었다. 2014년에는 서울시에서 시청 앞 광장에 종교

시설물, 즉 연등과 크리스마스 트리를 설치하는 것을 불허한다고 하여 불교계와 기독교계의 반발을 불러 일으켰다. 2015년에는 서울역에서 연등 설치를 불허하여 논란이 된 적도 있다.

이러한 논란들이 일어나는 원인은 여러 가지가 있겠지만 아직도 관련 규정이나 제도가 미비하기 때문이 아닌가 한다. 따라서 관련 단체장의 성향에 따라 허가와 불허의 잣대가 적용되곤 하였다. 그리고 이런 논란이 불거질 때마다 관련 종교단체의 항의가 이어지고 그러한 항의 뒤에는 다시 허가를 하여 종교단체의 항의를 수용하는 반복된 모습을 보여 왔다. 한마디로 원칙이 없는 허가와 불허의 반복이 이어진 것이다. 반드시 법률로 규정하는 것까지는 아니더라도 관습과 전통을 반영하여 일정한 기준이 마련된다면 이러한 논란은 훨씬 줄어들지 않을까?

윤용복

얼음에 대한 생각

　연일 폭우가 쏟아지더니 오늘은 거짓말처럼 날이 개었다. 그런데 무덥기 짝이 없다. 내일이 초복이니 말 그대로 삼복더위가 시작된 셈이다. 올 여름의 더위는 또 어떻게 이겨 낼지 벌써부터 걱정이다.

　그래도 요즘은 냉장고에 선풍기, 또 에어컨까지 다들 갖추고 사니, 전기요금 걱정만 없다면 삼복더위도 그리 두려울 것이 없다. 그러나 불과 몇 십 년 전만 해도 이런 것이 있는 집은 아주 드물었고, 대부분의 사람들은 고작 부채질과 탁족(濯足)으로 더위를 견뎠다. 그리고 얼음이 있었다. 오늘날에야 얼음이 흔하디흔한 물건이지만, 그 시절 여름철의 얼음은 꽤나 귀한 대접을 받았다.

　'국민학교'(그때는 '초등학교'가 아니라 '국민학교'였다.) 때 시내버스 요금이 10원이었는데 얼음 한 덩어리 값이 100원이었다. 그러니 웬만큼 잘 사는 집이 아니면 얼음이란 게 자주 사 먹을 수 있는 물건이 아니었다. 한낮 기온이 35.6도쯤 되는 찜통처럼 더운 날이라야 큰맘 먹고 사오는 귀물(貴物)이었다. 그렇게 사 온 얼음을 바늘로 깨어 수박 속과 섞어 화채를 만들어 먹고, 남은 얼음은 콩국수에 넣어 저녁으로 먹었다. 그때의 수박화채와 콩국수는 어찌 그리도 시원하던지! 이게 다 얼음이 부리는 조화였다. 그래서 여름 한철 동안 몇 번 안 되었던, 얼음사 오는 날은 우리 형제들에게는 거의 잔칫날이었다.

　물을 얼리는 기술이 없던 옛날에도 여름철의 얼음은 있었다. 오래전 경주로 수학여행을 갔을 때 신라 때의 석빙고를 보고 신기하게 여겼던 기억이 난다. 조선시대에는 한겨울에 한강에 두껍게 언 얼음을 캐어 빙고에 저장해 두었다가 여름에 꺼내어 사용하였다. 『조선왕조실록』을 뒤적일 것도 없이, 서울에 아직 남아 있는 동빙고동, 서빙고동이라는 지명만 봐도 그 사실을 쉽게 알 수 있다. 그러나 당시에 여름 얼음은 누구나 쓸 수 있는 것이 아니었다. 왕실과 고관대작의 집에서나 쓸 수 있는 것이었다. 그래서 대부(大夫)의 집을 벌빙지가(伐冰之家)라 했다. 왕조시대에 여름에 얼음을 쓸 수 있도록 비축하는 일은 그야말로 국가적 사업이었다.

　동아시아문화권에서 벌빙(伐冰)에 관한 내용이 기록된 최초의 문헌은 『시경(詩經)』이다. 그러니 얼음을 저장하는 일은 최소 3,000년은 되는 관습인 셈이다. 『시경』 「국풍(國風)」의 빈풍(豳風)편에 보면,

섣달에 쿵쿵 얼음을 깨어 두었다가	二之日鑿冰沖沖
정월 되기를 기다려 빙고에 넣네	三之日納于凌陰
2월이 되면 아침 일찍 서둘러	四之日其蚤
염소를 바치고 부추로 제사 지낸다네	獻羔祭韭

라는 내용의 시가 있다. 곧 음력 12월에 얼음을 채취해 두었다가 맹춘(孟春)인 1월에 빙고에 저장하고, 중춘(仲春)인 2월이 되면 처음으로

빙고의 얼음을 꺼내서 염소, 부추와 함께 종묘에 올린다는 것이다. 이런 절차를 마친 뒤, 여름이 시작되는 음력 4월이 되면 빙고를 크게 열어 얼음을 대부들에게 나누어 주어서 늙고 병든 이를 봉양하고 상례(喪禮)와 제사에 쓰게 하였다.

그런데 재미있는 것은 이에 대한 소동파(蘇東坡, 1036-1101)의 해설이다. 소동파의 말에 따르면, 얼음을 저장하고 꺼내는 일은 양기(陽氣) 곧 양(陽)의 기운을 조율하는 일과 관계가 있다. 양기가 천지(天地) 사이에 존재하는 방식은 불이 사물에 작용하는 방식과 같아서 너무 세력을 부리게 하면 안 된다. 12월은 『주역(周易)』의 임괘(臨卦, ䷒)에 해당하여 양기가 아래에 엎드려 있는 형국이므로 얼음을 땅 속에 갈무리함으로써 땅 속에 갇혀 있는 양기를 제어하고, 2월은 대장괘(大壯卦, ䷡)에 해당하여 양기가 막 땅 위로 올라와 세력을 떨치기 시작하는 때이므로 얼음을 처음 꺼내어 종묘에 제사 지냄으로써 막 기세를 올리기 시작하는 양기를 제어하고, 4월은 건괘(乾卦, ䷀)에 해당하여 양기가 최고조에 이르는 때이므로 얼음을 크게 내어 대부들에게 나누어줌으로써 양기의 막강한 기세를 제어한다는 것이다. 그 결과 춘하추동 음양(陰陽)의 기운이 순조롭게 작용하여 자연재해나 기상이변이 없게 되고, 돌림병도 생기지 않아서 백성들이 억울하게 죽는 일이 없게 된다는 것이 소동파의 주장이다.

이와 같은 소동파의 설명을 황당한 주장이라고 일축하고 말 것인가? 물론 모든 것을 실용주의와 과학의 논리로 설명하려 드는 오늘날의 관점에서 보면 이런 사고방식은 터무니없는 것이리라. 또 옛날이라고 해도 겨울에 얼음을 저장하였다가 여름에 꺼내 쓰는 일의 원래 목적이야 당연히 실용적인 데에 있었을 것이다. 그러나 옛사람들은 인간과 자연을 별개가 아니라 서로 연결된 것으로 생각하였고, 실용적인 목적에서 하는 일도 항상 자연의 질서를 염두에 두고서 실행하였다. 우리는 위의 『시경』 구절에 대한 소동파의 해석을 통해, 자연 질서를 음양의 조화로 이해하고 이에 순응하여 행동하려는 옛 사람들의 태도를 엿볼 수 있다. 인간의 욕심과 과학기술의 폭주로 지구가 망가져 가고 있는 오늘날, 이러한 옛사람들의 자연에 대한 겸손함을 한번쯤 다시 생각해 보는 것도 의미가 있지 않을까?

김호덕

우리 곁의 괴물들

> 이 불가사의한 동기는 다른 모든 동기들을 곱한 숫자보다도
> 훨씬 큰 소수(素數)라서 그 무엇으로도 나눌 수가 없다.
>
> - 모리 히로시

지난 주말에 드디어 벼르고 벼르던 영화를 보러 갔다. 〈에이리언: 커버넌트(Alien: Covenant)〉 에일리언이 아니고 에이리언이란다. '커버넌트'라고 되어 있어서 뭔가 했더니 히브리 바이블에 나오는 신과 인간의 약속, 바로 그것이었다. 뭔 소릴까? 에일리언과 인간이 계약을 맺는다? 더 이상 너희를 죽이지 않겠다, 그러니 너희도 약속을 지켜라? 아니면 미지의 존재와 인간이 모종의 계약을 맺었었는데 인간이 그 약속을 어겼기 때문에 에일리언을 만들어 인간을 죽이라고 보냈다? 둘 다 아니었다. 역시 내가 낚인 거였다. 내 직업 정신이 빚은 오판이었다. 머나먼 행성을 식민 개척하러 가는 우주선 이름이 커버넌트였다. 왜 하필 커버넌트? 약속의 땅을 찾아간다고? 좌우간 이 떡밥은 속편이 나와야 회수될 듯하다.

나는 1979년부터 1997년까지 나온 네 편의 에일리언 시리즈를 다 보았다. 심지어 우주 괴물 에일리언과 우주 사냥꾼 프레데터를 대결

시킨 영화도 있다고 해서 찾아보았다. 그리고 이번에 본 영화의 전편이라 할 수 있는 프로메테우스까지 보았다. 이 정도면 에일리언 마니아를 자처해도 되지 않겠나 싶다. 영화를 보려고 마음먹고 있는 분들을 위해서 영화의 줄거리를 자세하게 말하지는 않겠다. 이를 스포일러라고 하던가?

에일리언 1편을 만들었던 리들리 스콧은 왜 다시 에일리언 영화를 만들었을까? 자기 영화 이후에 나온 후속편들이 마음에 안 들어서 그랬을까? 현재가 마음에 안 드는 사람들은 기원이나 종말에 관한 이야기들을 만들어 낸다. 그렇지만 종말 이야기는 어려운 점이 많다. 왜. 선과 악의 싸움이 완전히 끝날 때까지 결말을 맺을 수 없기 때문이다. 영화로 치면 흥행에 참패할 때까지 계속 만들어진다. 분명히 죽였다고 믿었던 괴물들은 계속 되살아나서 인간을 위협한다. 그래서 종말 이야기의 끝판왕은 시간과 공간의 완전한 소거인지도 모르겠다.

이에 비해서 기원 이야기는 사태의 원인을 설명해 준다는 점에서 더 매력적이다. 원래는 이랬다. 그래서 이런 일이 벌어진 것이다. 그래서 프로메테우스와 커버넌트는 기원의 이야기이다. 외계인이 자신의 DNA(마치 Imago Dei처럼!)로 인간을 만들었고, 인간은 피조물인 주제에 창조주를 모방하려고 AI를 만들고, 이번에는 그 AI가 다시⋯. 그러나 실제 영화에서는 앞뒤가 잘 맞지 않는 점이 있다. 아마 나머지 미회수 떡밥들을 위해서 몇 편 더 만들어질지 모르겠다.

기생충, 파충류, 숙주 자체를 파괴하는 무차별적인 공격성, 기이한 구강 구조, 산성 피, 끈적거리는 타액⋯. 에일리언의 어떤 점이 공포와 혐오의 감정을 불러일으키는 걸까? 통상 사람들이 어떤 대상에 대해서 특별히 공포, 혐오 또는 회피의 감정을 가지는 이유가 무엇일까? 그 대상의 범주에는 무엇이건 들어갈 수 있다. 괴물일 수도, 종교적 소수자일 수도, 혹은 특정 정당이나 정치인일 수도 있다. 문제는 반사작용처럼 생겨나는 어떤 부정적인 감정이다. 내가 에일리언 시리즈에 집착하는 것은 이런 관심 때문이 아닐까?

이런 생각을 하다가 그 전날 학술 발표회에서 강탈(?)했던 후배의 학위 논문(구형찬, 「민속신앙의 인지적 기반에 관한 연구」)을 읽었다. 괴물 상징(아차, 상징이라는 말을 함부로 쓰지 말라고 했지. 상징과 실재를 나누는 구분 도식도 학자적 상상력의 산물이라면서. 이젠 낱말 하나도 무심코 쓸 수가 없게 되었다!)의 인지적 기반에 대한 연구는 아니었지만, 에일리언에 대한 정서적 반응을 설명하는 데에는 상당히 도움이 되었다. 중요한 구절들을 메모하였다.

"종교문화에서 흔히 발견되는 초자연적 행위자에 대한 관념이나 의례적 행동은 인간 마음에서 작동하는 행위자 탐지체계, 대상의 심리적, 물리적, 생물학적 상태를 파악하는 직관적 추론체계, 사회적 상호작용과 관련한 추론체계, 오염 회피체계, 기억 체계 등 다양한 인지체계들의 정상적인 작동 과정에서 나타나는 부수적인 효과로서 발생할 수 있다." (69쪽)

"그런[초자연적 행위자] 관념들은 '사람', '동물', '식물', '자연물', '도구'

같은 기본적인 존재론적 범주들에 대해 우리가 자연스레 직관적으로 기대하게 되는 성질을 최소한으로만 위반하는 특성을 패턴으로 갖고 있다. 직관을 벗어나는 정도가 커서 너무 낯설어 보이는 표상들은 기억하는 데 노력이 많이 들고, 직관적 기대를 전혀 위반하지 않는 표상들은 너무 흔해서 특별한 인지적 효과를 생산하지 못하기 때문에 잘 주목되지도 않고 이후에 회상될 가능성도 적다. 이와 달리 어떤 범주에 대한 직관적 기대를 최소한으로 위반하는 표상들은 그 인지적 노력에 비해 생산되는 효과가 매우 커서 곳곳에서 유사한 형태를 빈번하게 환기시키거나 상대적으로 잘 기억된다." (100-101쪽, 192-195쪽)

이 논문에서 초자연적 행위자의 예로 드는 것은 의도와 욕망을 가지고 있고 표현도 할 줄 안다는 점에서는 '사람'과 같은데 육체만 없는 존재인 영혼, 뒷산 중턱에 오랜 세월 뿌리내려 살고 있는 '나무'인데 사람의 말을 듣는 존재인 신목(神木)과 같은 존재들이다. 이렇게 보면 에일리언에서 내가 느끼는 공포와 혐오의 감정은 친숙한 범주들과 관련된 직관적 기대를 위반하는 표상들이 가져다주는 인지적 효과라고 이해할 수 있을 것 같기도 하다. 결국 타자 인식은 인지체계와 뗄 수 없는 영역일지도 모른다. 그런데 사회적 존재에 대한 배타 감정은 어떨까? 통합진보당 사태 때도 그랬고, 지난 대선 때도 그랬다. 권사님의 중얼거림이 충격적이었다. "암만 그래도 거개는 빨갱이라 카던데." 그 동기가 참으로 불가사의하다.

처음에 에일리언으로 이야기를 시작하였다. 하지만 괴물에 대한 공포와 혐오 감정을 좀 더 넓은 지평에서 이야기하고 싶었다. 종교나 문화라고 일컫는 영역, 혹은 사회적 삶 전반에서 이질적인 존재로 분류되는 사람이나 사물의 집합에 대해서 말이다. 흔히 타자(他者)라고 부르는 존재들에 대한 부정적인 감정과 인식의 구조를 어떻게 연구할 수 있을까? 타자 인식의 문제는 박사 논문을 쓸 때부터 내가 지속적으로 관심을 갖고 공부하는 주제 가운데 하나다. 지금도 부지런히 생각의 알갱이들을 모으는 중이다. 본격적으로 이야기할 때를 준비하면서.

조현범

가면과 페르소나

　성숙한 인간으로 살아가려면 가면을 벗고 자신의 민낯, 맨얼굴을 보여줄 용기가 필요하다는 어느 철학자의 돌직구, 〈복면가왕〉 같은 프로그램의 인기, 최근 정부의 복면 테러 비판과 이를 조롱하고 저항하는 복면시위까지 '가면'이라는 코드는 2015년 한국 사회를 관통했다.

　엇갈린 주장들이나 만평, 세평 등을 보면 가면 혹은 복면을 바라보는 시선의 초점도 약점이나 잘못을 숨기기 위한 위장술, 사회적 자아의 메타포, 편견을 배제하고 소리에만 집중시키는 장치, 무책임한 폭력과 테러의 수단, 동일화의 폭력, 단순한 획일적 규정에 발랄하게 맞서는 교란의 방식 등 시차가 있다. '가면을 벗으면 또 다른 가면이 있다. 우리는 결코 가면을 벗을 수 없을 것이다'라는 식으로 맨얼굴과 이면의 신화 자체를 거부하기도 한다. 그런데 언뜻 상반된 가면의 개념들도 구조적으로는 얽혀 있다. 가면 자체가 겉모습과 이면, 은폐와 폭로의 가능성을 전제하고 함축하고 있는 것이다. 가면은 약자의 방어막 역할도 하지만 강자의 무기도 되며, 가면을 벗고 자신을 드러내라며 진실을 강조하면서 또 다른 가면 뒤에서 폭력을 일삼는 일도 비일비재하다. 또한 누군가는 진실을 드러내기 위해 역으로 가면을 쓴다.

　나아가 가면은 이처럼 이면(진면목)과 표면의 양면성이나 단순한 대

비보다 더 복합적이고 구성적인 인간 존재에 대한 은유로 보이기도
한다. 초월적 혹은 비일상적인 것이 드러나고 인간과 소통한 방식으
로 종교사에 익숙한 가면의 다양한 쓰임새를 떠올려 볼 수도 있으며,
특히 가면과 인격의 뉘앙스를 공유하면서 기독교의 삼위일체 교리에
서는 '위격' 개념으로도 쓰인 서구의 '페르소나' 개념이 그렇다. 그래서
마르셀 모스는 인간의 개별적 자아와 인격 개념이 어떻게 형성되었는
가를 고찰하면서 가면, 페르소나에 주목했던 것이다.

한나 아렌트도 가면에서 말과 행위를 통해 스스로를 드러내는 인간
의 사회적·정치적 존재 양식과 법적 인격을 보호하는 가면의 인간학
적 의미를 강조했다. 우리말의 가면(假面)과 복면(覆面)은 어감 차이가
있지만 얼굴과 가면에 두루 쓰는 영어 mask는 가면과 인격(person)을
뜻하는 라틴어 페르소나(persona)에서 유래한다. 아렌트가 착안한 것
은 고대의 배우들이 무대에서 연기할 때 쓰던 가면이 배우 자신의 얼
굴과 표정을 은폐하며 동시에 배우의 목소리를 들을 수 있게 하는 것
으로, 무엇인가를 숨기면서 드러내는 이중적 메타포가 되었다는 것뿐
아니라, '충분히 들리다'는 의미의 라틴어 'per-sonare'의 의미로 고대
로마의 공적 영역에서 역할을 하는 '법적 인격'의 의미도 가지게 되었
다는 점이다. 진정한 자기를 위장하고 사회적으로 주어진 역할을 떠
맡는 수동적인 가면, 시장의 요구에 맞추어 끊임없이 자신을 변모시
켜야 하는 생존 수단으로의 슬픈 가면, 다양한 가면(역할)을 통해 자신
을 억압하는 기존의 획일적 역할을 거부하는 저항의 가면뿐 아니라,
말과 행위를 통해 타인과 연대하고 공적 영역을 구성하는 인간성을

드러내고 보장하는 방식으로서 가면의 인간학적 의미를 발견했던 것이다(양창아, 「한나 아렌트의 행위개념-가면과 퍼포먼스의 은유를 중심으로」, 『코기토』 74호, 2013, 127-157쪽).

타인과 함께 살기 위해 관계 속에서 자신이 드러나는 사회적 얼굴로서의 페르소나 없이 우리는 결코 사람답게 살 수 없다. 그래서 가면을 벗고 맨얼굴이나 민낯을 드러내라는 투의 조언은 뭔가 마음에 와 닿지 않는다. 오히려 그러한 무수한 외양들을 수습하면서 어떻게 또렷해지는 자신의 얼굴을 만들어갈 것인가가 문제가 아닐까. 물론 그러한 얼굴을 끝내 그려 내지 못한다면, 어떤 가면은 우리를 해칠 수 있을 테지만.

안연희

폭력, 노비, 노예

지난 4월 라이덴대학에서 있었던 한 학술 모임의 주제는 불교와 사회정의였다. 본 주제에 대한 발표자의 대부분은 인도, 동남아시아의 불교문화 전공자들이었다. 필자는 일본불교와 사회정의의 문제를 2차대전 당시의 일본불교의 전쟁 협력을 중심으로 살펴보았다. 불교가 얼마나 적극적으로 전면에 나서 적을 죽이라고 고무하고, 일본제국의 타국 지배를 찬양했는지를 되돌아 보는 내용이었다. 일본불교는 일본제국이 광분하던 시절 살인과 폭력의 전도사였다. 라이덴대학에서 3일간의 토론을 통해 안 것은 불교의 폭력 전파는 일본불교에만 한정된 것이 아니라는 사실이다. 인도와 동남아시아의 불교의 전력은 일본불교에 비해 결코 가볍지 않았다. 불교는 평화의 사도인가 아니면 폭력의 전위인가. 양쪽 모두의 요소를 갖고 있다는 것이 회의 참석자 모두가 공유한 결론이었다. 어떻게 쓰는가에 따라, 무엇을 선택하여 칼을 휘두르는가에 따라 불교는 양극단으로 달릴 수 있다는 것이었다. 평화와 마찬가지로, 폭력은 불교의 본질을 이루고 있다는 점이 분명히 드러났다.

조선 5백년은 노비사회였다. 소수의 양반이 다수의 아무 죄도 없는 노비를 영구히 착취하며 호의호식한 세월이 조선이었다. 그 사이에 수많은 유학자가 탄생하고 훌륭한 도인이 쏟아져 나왔다. 그들은 유교적 교양의 화신이었고, 인간 예의의 전도사였으며, 천리의 전파자였다. 하늘의 성을 따르고 인을 펼치며 민본을 이야기했던 그들이 아니었던가. 우리는 그렇게 알고 있다. 하지만 그 수많은 위대한 유학자 가운데 노비제도를 없애려고 목숨걸고 노력한 사람이 있는가. 지난 몇 년간 노력했지만 과문한 탓인지 한 사람도 찾을 수 없었다. 아니 그렇게 고상하게 인의와 천리를 이야기하고 민본에 가슴아파했던 사람들이 많았는데, 노비제도를 혁파하려 한 유학자가 아무도 없다니 의아하기만 했다. 가장 진보적인 유학자가 말하기를, 노비제도는 나쁘니까 없애는 것이 좋기는 좋은데, 갑자기 없애면 사회에 혼란이 오므로, 50년 뒤에 천천히 없애자는 선에서 멈추었다. 50년 뒤라. 그 뒤의 진보적 유학자도, 그 뒤의 사람도 모두 50년 뒤에 하자고 했다. 그렇게 해서 19세기까지 조선의 노비제도는 유지되었다.

기독교가 노예제도의 철폐에 공헌한 것은 거의 없다는 것은 정설이다. 기독교가 거의 2천 년간 존재했지만, 그 2천 년의 끝자락에 와서야 노예제도가 없어졌다. 게다가 노예제도를 없앤 것은 기독교의 복음이 아니라, 인간이 발명한 증기기계였다. 증기기계를 써서 면화를 따는 것이 노예를 공짜로 부리는 것보다 싸고 편리하니까 노예가 필요없어진 것이다.

종교란 무엇인가? 종교는 끝없이 진화하는 생명체이다. 그 진화의 담지자는 현재를 사는 사람들이다. 어떻게 진화시키느냐에 따라 종교의 사회적 정체성이 만들어진다. 폭력, 노비, 노예의 지난 역사를 생각한다면 정말로 그런 것이 아닐까? 그러나 얼굴이 바뀌었을 뿐으로, 불행히도 폭력, 노비, 노예는 종교가 융성한 가운데 아직도 현재진행형이다.

허남린

종교적 문맹

글을 읽고 쓸 줄 모르면 '문맹'이라고 하듯이, 종교에 대해 모르면 '종교적 문맹'이라 한다. 이 말은 미국종교학회(American Academy of Religion, AAR)가 2010년 4월에 발간한 '미국 공립학교에서의 종교에 대한 교육을 위한 지침서'에서 사용한 것이다. 이 책자는 미국 연방정부가 공립학교에서 특정 종교의 교리와 사상, 실천을 가르쳐서는 안되고, 세계 여러 종교들의 역사와 현실에 대해서 가르쳐야 한다는 지침을 발표했고, 그 후 그에 부응하여 종교학자와 교육학자, 일선 교사 등이 함께 3년 동안 연구하여 마련한 것인데, '종교적 문맹'에 대해 다음과 같이 규정했다.

세계의 주요 종교 전통들과, 그 전통에 포함되지 않는 다른 종교적 표현들에 대한 기본적 교의(tenets), 그 전통들과 주장들 내에 있는 표현과 신념의 다양성, 역사적으로나 현실적으로 인간의 사회적, 문화적, 정치적 삶에서 종교가 감당한 역할에 대한 이해의 부족이 바로 '종교적 문맹'이다.

위의 '종교적 문맹'의 기준에 따르면 우리는 과연 종교적 문맹에서 벗어났는가? 우리가 이슬람교와 힌두교, 시크교, 자이나교, 유대교, 유교, 도교, 바하이교, 신도 등등 종교에 대해 얼마나 알고 있는가? 우리나라의 천도교, 대종교, 원불교, 증산교, 유교 등에 대해서는 어느 정도 알고 있는가? 각 종교들의 세계적 분포와 다양한 교파와 종파들에 대해 얼마나 알고 있는가? 세계문화유산의 과반수가 종교 관련 문화유산이란 사실을 알고 있는지?

미국종교학회에서는 이 문건에서 '종교적 문맹'을 거론하면서 공립 초·중등학교에서 '종교에 대해(about religions)' 가르쳐야 한다고 주장했고, 그 이유를 다음과 같이 명시했다.

> 왜 종교에 대해 가르쳐야 하는가? 첫째, 미국에 종교에 대한 광범위한 문맹(a widespread illiteracy about religion)이 존재한다. 둘째, 이러한 문맹이 초래하는 몇 가지 결과가 있는데, 무엇보다 편견과 적대감을 불러일으켜 다양성과 평화로운 공존, 그리고 지역적이고 국가적이며 지구적인 활동영역에서의 협력을 증진하는 노력을 저해한다. 셋째, 초·중·고등학교에서 학문적이고 비신앙적(non-devotional) 관점으로 종교에 대해 가르침으로써 종교적 문맹을 줄일 수 있다.

말하자면 초등학교에서부터 종교에 대해 가르쳐야 종교적 문맹을 줄일 수 있고, 그래야 편견과 적대감을 줄여서 다양성을 인정하고 평화롭게 공존하며 서로 협력하며 살 수 있게 된다는 것이다. 미국종교학회는 그러한 입장에서 종교교육의 필요성을 강력히 제시한 것이다.

미국을 비롯하여 영국과 유럽의 많은 국가들에서는 초등학교부터 종교에 대한 교육을 실시하고 있다. 종교를 모르면 세계도, 세계의 역사와 문화도 모르게 되고, 그로 인해 갈등과 다툼, 분쟁과 전쟁이 일어날 수 있다고 인식하고 있기 때문에 어려서부터 종교에 대해 가르쳐야 한다고 강조하고 있다.

그러면 어떻게 종교에 대해 가르쳐야 종교적 문맹에서 벗어나게 되고, 다른 종교에 대한 편견과 적대감을 줄이는 동시에 상호 협력하고 공존하는 문화를 만들 수 있는가? 이에 대해서는 미국의 '수정헌법센터(The First Amendment Center)'가 제시한 다음과 같은 교육방법을 참조할 수 있다고 본다.

1. 종교에 대한 학교에서의 접근방법은 학문적(academic)이어야지 신앙적(devotional)이어서는 안 된다.

2. 학교는 학생들로 하여금 종교를 인식(awareness)하도록 노력해야 하지 종교를 수용(acceptance)하도록 해서는 안 된다.

3. 학교는 종교에 대해 공부(study)하는 것을 도와야지 종교를 실천(practice)하는 것을 도와서는 안 된다.

4. 학교는 학생들에게 종교적 견해의 다양성을 접하도록(expose) 해야지 어떤 특정한 견해를 주입(impose)하도록 해서는 안 된다.

5. 학교는 모든 종교에 대해 가르쳐야(educate) 한다.

6. 학교가 종교를 장려하거나(promote) 모독해서는(denigrate) 안 된다.

7. 학교는 학생들에게 다양한 종교적 신념들을 알려주어야 한다

(inform). 학생들이 어떤 특별한 신념을 확신하게 해서는 안 된다.

  말하자면 종교에 대한 교육은 학문적 차원에서 종교를 인식하는 데 중점을 두고 가르치고 공부하게 하며, 모든 종교를 다루어 그 다양성을 인정하는 교육이 되어야 한다는 것이다. 그리고 그러한 종교교육은 공립학교에서도 절실히 필요하다는 점에 미국 종교계와 교육계가 함께 공감하고 있다.

  외국의 종교교육 현실에 비추어 볼 때, 사실상 우리나라의 초·중·고등학교에서는 종교에 대한 교육이 거의 없다. 종교교육이라는 말 자체가 특정의 종교계 사립학교(종립학교)에서 그 학교의 설립과 관련된 종교를 교과목으로 가르치고, 관련 종교의식에 의무적으로 참여하게 하는 '특정 종교를 위한 종교교육'으로 이해되고 있다. 그렇기 때문에 공립학교와 일반 사립학교에서는 종교교육이 무시되고 있고, 단지 역사나 사회, 윤리 등의 몇몇 과목에서 단편적으로 종교에 대해 가르치고 있을 뿐이다. 결국 종교적 문맹을 양산하는 교육이 될 수밖에 없다.

  그런데 지난 2010년 4월 우리의 대법원에서는 종립학교도 공교육 체제에 편입되어 있음을 전제로, "종교적 중립성이 유지된 보편적 교양으로서의 종교교육 범위를 넘어서서 학교의 설립이념이 된 특정의 종교교리를 전파하는 종파교육 형태의 종교교육을 실시하는 경우에는… 사회공동체의 건전한 상식과 법 감정에 비추어볼 때 용인될 수 있는 한계를 초과한 종교교육이라고 보이는 경우에는 위법성을 인정할 수 있다."고 판결하여 종교계 학교에서도 종전처럼 '종교교육'을 실시하기 어렵게 되었다. 우리의 교육당국에서는 이를 계기로 2011년에 종교계 사립학교는 물론 일반 사립학교와 공립학교에서도 사용할 수 있는 새로운 '국가 수준의 교과과정'을 고시했다(2014년 3월 1일부터 시행). 이 교과과정에서는 중학교의 기타 선택과목과 고등학교의 일반 선택과목의 교양과목 중 기존의 '생활과 종교'를 '종교학'으로 변경했고, 그 내용도 세계 및 한국의 여러 종교들에 대한 기본 지식과 종교문화에 대한 이해, 그리고 균형 있고 중립적으로 종교에 대한 관점을 지니도록 구성했다. '종교학'이 정규과목으로 선택되어 이 교육과정에 따라 종교교육이 된다면, 학생들로 하여금 여러 종교에 대한 기본적 이해를 할 수 있도록 가르칠 수 있고, 자신이 믿는 종교 이외의 종교들에 대해서도 공정하고 공평한 이해를 할 수 있을 것이다. 그렇게만 된다면 종교차별로 인한 사회적 갈등도 줄이고 평화롭고 다양성이 공존하는 사회가 될 수 있겠건만, 언제 그렇게 될지!

더 큰 문제는 기성세대에게 있다. 자신이 믿는 종교 이외의 다른 종교들에 대해서는 잘 알지 못하고, 아예 종교에 대해 관심조차 없는 사람들도 많다. 말하자면 기성세대에 '종교적 문맹자'가 너무 많다고 할 수 있다. 더구나 종교를 믿는 사람도 그러하다. 그러한 '문맹'으로 인해 우리 사회는 다른 종교들을 폄훼하거나 곡해하고, 심지어 왜곡하여 비난하는 경우도 적지 않다. 종교에 대해 충분히 알아야 그러한 잘못된 관행에서 벗어날 수 있다는 것이 서구의 교육 당국과 종교인들, 그리고 종교학자들의 공통된 의견이다. 이 견해를 진지하게 논의할 시점이다.

류성민

바울 르네상스

　너무나 선명한 직설법인 탓이었을까. 차마 소리내 불러보지 못했는데, 가슴 언저리에 오래 남았던 노래가 있다. 술자리에서 선배들이 날선 열정과 부끄러움이 뒤범벅된 붉은 얼굴로 목청껏 부르던 박종화의 노래, "바쳐야 한다". 알랭 바디우의 『사도바울』과 슬라보예 지젝의 『죽은 신을 위하여』, 조르조 아감벤의 『남겨진 시간』을 겹쳐 읽다가, "사랑을 하려거든 목숨바쳐라"로 시작하던 기억 너머의 그 노래 가락이 불현듯 떠올랐다. 세 권의 책은 공교롭게도 기독교의 사랑과 폭력을 수반하는 혁명적 사랑을 교차시키며, 사도 바울과 그의 '유보된 메시아적 시간'을 우리 시대의 정치 철학적 문제의 심장부로 다시 불러들이고 있었다.

　알랭 바디우, 슬라보예 지젝, 조르조 아감벤은 현재 가장 주목할 만한 사상가들로 꼽힌다. 그들은 철학적 입론이나 특정 주제를 두고는 서로 논쟁하고 대립하지만, 잃어버린 마르크스주의의 대의를 어떻게 다시 철학적으로 재정립할 것인가라는 큰 틀의 문제의식을 공유한다. 또한 후기 자본주의 경제체제의 전 지구적 재편 과정이 소비와 욕망을 부추기며 탈정치화를 조장하는 현 상황에 맞서, 해체주의와 포스트모더니즘의 근대 비판이 도달한 주체의 상실/해체, 실천적 무기력,

냉소적 이성의 함정을 비판하면서 우리 시대의 첨예한 문제들과 정면으로 씨름하고 정치적 실천의 자리를 고민한다는 점에서도 서로 닮아 있다. 이처럼 뜨거운 세 지성이 헤겔과 레닌, 니체, 벤야민, 칸트, 라캉 등 지난 세기 거인들의 어깨 위에서 흔히 보수적이고 가부장적 기독교의 정초자로 여겨지는 바울과 기독교를 다시 읽어내고 있는 광경은 충분히 의미심장하고 흥미롭다.

  그런데 이들의 바울과 기독교 해석은 언뜻 불경하고 전복적이다. '가장 사랑하는 것은 가장 철저하게 배반하는 것'이라는 정신분석학적 도식에 충실한 것이다. 다시 말해 이들은 통상적 기독교를 비기독교적 상상력을 통해 전복하고 뒤집는 방식으로 진정한 기독교의 저력을 이야기하는 것처럼 보인다. 지젝에 의하면 기독교는 배반의 종교다. 성육신을 통해 신은 자기를 분할하여 스스로를 배반했고, 그리스도는 십자가 위에서 신을 부정했으며, 바울은 역사적 예수에 대해 철저히 무관심한 부활신학을 통해 한시적 예수를 배반함으로써 역설적으로 예수에게 영원성과 보편성을 가져다주었다는 것이다. 바디우는 특수한 것을 보편적으로 위장하는 제국적 보편주의와 구별하여, 차이들을 무관심하게 횡단하며 '모두에게 모든 것이 되었다고' 말하는 바울을 진정한 혁명적 주체로, 기독교적 믿음을 '선언된 확신'으로 재해석하며 은총의 유물론을 이야기한다. 또한 아감벤은 사도 바울을 새로운 종교의 창시자라기보다는 유대교 메시아신앙의 충실한 대변자로서 재정위하면서, 바울이 말하는 임박한 '시간의 종말'이라는 비상시국을 이해하는 열쇠는 혁명 상황의 비상시국이라고 주장한다. 요컨대 이들은 통상적으로 기독교의 반대편에 있는 유물론, 혁명적 메시아주의의 입장을 취할 때, 역설적으로 기독교의 진정한 핵심을 파악할 수 있다는 것이다.

그런데 아이러니하게도 이러한 배반적 독해의 과정을 따라가다 보면, 그들이 철저히 서구 기독교적 유산 속에 있으며, 그러한 살해와 배반의 과정을 통해 "유서 없이 남겨진" 그 유산을 재발견하고 있다는 느낌을 받기도 한다. 사실 그들의 결론이나 종교에 대한 입장을 앙상하게 추려보면 기독교 분석의 깊이에 못 미치는 여타 종교들에 대한 이해의 폭 때문에 종교이론으로서는 실망스러울 수 있다. 게다가 때로 요약된 결론 자체는 어쩌면 전혀 새롭지도 않다. 급진적 신학 전통에서 이미 했던 이야기일 수 있다는 거다.

그러나 정작 이들을 읽는 즐거움과 묘미는 다른 데 있다. 그것은 다양한 샛길과 우회로를 넘나들거나 한 텍스트를 집요하게 파고들며, 문제를 끊임없이 재정의하고 새로운 방식으로 주제화하는 태도와 방식들, 다양한 영역을 놀이하듯 가로지르면서도 묵직한 주제들을 놓치지 않고 끌고 가는 사유의 힘을 마주하는 데 있는 것이다. 또한 그 과정에서 제기된 풍부하면서도 세밀한, 결코 가벼이 넘길 수 없는 문제들도 적잖게 유익한 소득이다. 20세기 발터 벤야민의 '메시아적 마르크스주의'를 통해서 성서가 비로소 새로운 가독성을 획득했다고 한 아감벤의 말처럼, 이들의 전복적 바울 해석은 기독교에 새로운 가독성을 부여하고 있을 뿐 아니라, 현대 사상계에서 종교는 과연 여전히 흥미로운 텍스트인가, 라는 확대된 질문으로 우리를 인도한다.

그와 관련하여 위의 책들이 제각각 발터 벤야민의 「역사철학테제」 제1번을 참조하고 있음은 주목할 만하다. 벤야민은 당대에 지적 헤게 모니를 쥐고 있던 역사적 유물론을 꼭두각시로, 신학을 체스판 아래 서 그 꼭두각시를 조종하는 곱사등이 난쟁이로 빗대면서, 이론투쟁의 장에서 역사적 유물론의 성패는 신학을 눈에 띄지 않는 파트너로 삼 아, 얼마나 "인용부호 없이 잘 인용"하느냐에 달려 있다고 했다. 바디 우, 지젝, 아감벤은 역사적 유물론이 파산한 이론으로 전락하고, 신학 이 여전히 건재한 우리 시대의 상황에서 벤야민의 테제를 각각 다시 뒤집고 변주하여 사유한다. 설정은 변했어도 여전히 문제가 되는 것 은 역사적 유물론과 신학 사이에 존재할 수 있는 유의미한 관계다.

이런 식의 문제제기는 단순히 종교와 정치의 부적절한 밀월관계를 폭로하는 것과는 구별된다. 오히려 종교비판을 통해 형성된 것처럼 보이는 근대 이성의 구조적 문제, 그 결정체인 근대국가와 근대 법체 계의 외설적이고 도착적 구조를 드러낸다는 점에서 종교와 정치의 문 제에 대한 재정의와 근본적 성찰을 유도하는 것이다. 이는 뒤집어보 면 근대 이후 기독교의 표면적 존재방식, 그 이면을 들여다볼 것을 요 청하는 것이다. 지젝이 '종교가 사라지면 이성도 사라진다'는 기독교 정통파 체스터턴의 언급을 인용하는 것도 이와 무관하지 않다. 종교 는 근대세계의 주변이 아니라, 가장 핵심부 깊은 곳에 자리 잡고 있을 수도 있다. 이런 식으로 정치철학적 사유가 종교문제에 근접해 가는 것은 현대 종교학이 놓쳐 버린 총체적 종교에 대한 미세한 감각들을 일깨워준다.

바울 르네상스라고 불러도 좋을 만큼 서구학계의 새로운 지적 분위기를 보여주는 위의 책들은 근대 이후 오히려 더 내밀하게 자리 잡은 종교와 정치, 이데올로기의 구조적 문제에 대한 관심을 다시 불러일으키며, 제3의 언어를 통한 기독교의 번역과 재서술을 통해 기독교, 나아가 종교의 새로운 가독성을 추구하는 이들에게도, 진리와 보편성이라는 잃어버린 대의를 어떻게 종교학과 학문영역에 도입할 것인가에 관심 있는 사람들에게 좋은 생각거리를 제공할 것이다.

안연희

마을과 마을제의

　학부 시절 '종교는 곧 사회를 상징한다'는 프랑스의 사회학자 에밀 뒤르켐(Émile Durkheim)의 주장이 종교를 사회로 환원시키는 사회학적 환원주의라는 설명을 들은 기억이 있다. 그런데 종교가 사회 자체를 상징하고 사회적 삶을 확인하는 것 이상도 이하도 아니라는 점을 분명하게 느낄 때가 있다. 그것은 흔히 동제(洞祭)나 마을굿이라고 불리는 마을제의를 볼 때이다.

　마을제의는 일반적으로 마을 공동체와 마을 사람들의 삶의 평안함과 복을 비는 마을 단위의 종교적 행위로 이해된다. 그러나 마을제의는 마을의 안녕과 복을 기원하는 마을 단위의 종교적 행위 이상의 의미가 있다. 그것은 마을 삶의 공간과 구성원, 마을 삶의 조직과 관행, 규범 등을 확인·인식시키고 전승하는, 마을의 공동체적 삶 자체를 표상하는 종교적 행위로서의 의미가 있다.

　마을의 삶 자체가 종교적 표상으로 드러나는 것은 마을제의의 여러 측면을 통해서 확인된다. 마을제의는 이른바 마을 신을 대상으로 하는데, 어떻게 표상되든 마을 신은 마을과 마을의 삶을 반영하고, 그것을 상징하는 존재이다. 한 마을의 신은 마을을 전제로 그 존재와 의미가 확인되며, 마을의 경계 밖에서는 아무런 의미가 없다. 마을 신과 마을 삶의 유기적 관계는 마을과 마을 삶의 유기적 관계와 동일시될 수 있다.

마을제의의 준비와 진행 과정 역시 마을 삶의 사회적 관행과 규범을 드러내고 확인시켜 준다. 제의 준비와 진행 과정은 마을제의의 일반성과 아울러 마을에 따라 다른 독특한 모습을 보여준다. 마을제의의 시간과 공간 역시 마을과 마을의 삶을 드러내고 확인해준다.

마을제의가 행해지는 시간은 마을 삶의 리듬에 의해서 결정된다. 정초와 추수 후 등 연중 생산 활동의 주기와 일치하는 것이 보통이지만, 그것은 많은 마을이 그러한 시간 리듬을 공유해서 그러할 뿐이다. 기본적으로 마을제의는 마을의 삶을 반영해 마을에 따라 특별하게 정해진 시간에 행해진다. 따라서 마을제의의 시간은 마을 삶의 특수성을 드러내고 확인시키는 제의적 장치의 하나로 자리 잡고 있다.

마을제의에서 직접적이고 가시적으로 마을을 상징하고 부각시키는 매체는 마을 공간이다. 마을제의는 마을 삶이 이뤄지는 마을 공간에서 행해진다. 마을제의를 통해 일상생활에서는 의식되지 않던 마을 공간이 상기되고 확인된다. 마을제의의 한 절차로 행해지는, 마을 입구와 주변에 금줄을 치거나 깃발을 꽂는다든지 또는 장승이나 공동우물 등 마을의 경계와 주요 공간을 순회하는 과정은 평소에는 의식하지 못했던 마을 공간의 영역과 경계를 인식시킨다. 이른바 유가(游街)돌기나 지신밟기 역시 마을의 공간을 확인하는 것은 물론이고, 그 공간에서 삶을 영위하는 마을 구성원의 존재를 확인하는 의미가 있다. 이처럼 마을제의에서 공간은 마을과 마을 삶을 표상하는 핵심적인 제의 매체로서 기능한다.

이렇게 본다면, 마을제의는 제의 대상인 신, 제의의 시간과 공간, 제의 준비와 진행 과정 등 여러 측면에서 마을 삶의 공간과 시간 리듬, 마을의 구성원, 마을의 관행과 규범 등 마을 공동체의 총체적 재인식의 계기를 제공한다. 이런 점에서 표면상 마을제의는 마을신에게 마을과 주민들의 안녕과 번영, 삶의 문제 해결 등을 기원하는 종교적 행사이지만, 심층적으로는 마을 단위의 '공동체적 삶'이 표상되는 종교 행위로서의 의미를 갖는다고 말할 수 있다.

도시화가 진행되면서 마을제의도 변화한다. 도시화된 마을의 마을제의에서 두드러지는 것 가운데 하나가 공간적 요소의 의미 약화이다. 도시화된 마을의 마을제의 절차에서 가장 먼저 생략되는 것이 마을의 경계를 설정하고 마을 공간을 순회하는 등 마을 공간을 대상으로 한 제의 행위이다. 그러한 행위는 잠재 상태에 머물러 있던 마을 공간에 대한 인식을 의식의 표층으로 끌어올려 독립된 소우주로서의 마을 인식을 가능케 하는 의미가 있다. 그런데 이처럼 마을 공간에 의미를 부여하는 절차가 약화되거나 소멸되는 과정이 지속될 경우, 마을제의가 과연 이른바 지연 공동체 제의로서의 성격과 위상을 유지할 수 있을지 의문이다.

이는 제의 참여자에 있어서도 마찬가지이다. 현재 도시 지역 마을에서는 마을에 거주하는 모든 사람이 자기 마을의 마을제의에 참여하지 않는다. 마을 거주민 가운데 일부인 이른바 원주민, 토박이들이 주로 참여한다. 현재 도시 지역의 마을제의는 마을이라는 삶의 공간에 기반을 둔 제의에서 일정한 사회적 관계를 토대로 한 제의로 그 의미가 변화하고 있다.

이처럼 마을제의에서 공간적 요인의 약화, 소멸이 두드러지는 것은 자연스런 변화로 보인다. 그것은 우리들의 삶에서 공간이 차지하는 위상과 의미의 변화를 생각할 때 그렇다. 현재 대부분의 사람들에게 자신이 살고 있는 공간은 말 그대로 거주 공간에 지나지 않을 뿐 더 이상 삶의 공간으로서 의미를 갖지 못한다. 삶의 공간이 자기 삶에 영향을 미칠 수 있다는, 인간의 삶과 공간 사이의 유기적 관계에 대한 믿음 역시 사라진 지 오래 되었다. 현재 한국사회에서 이주(移住)는 이제 자연스런 삶의 모습 가운데 하나이다. 도시화된 마을의 마을제의의 변화 양상은 이러한 현재 삶의 모습이 반영된 것이다.

이용범

불교의 신앙대상

　때로 불교는 다양한 잡신들이 군웅할거하는 마당(도량)으로 묘사되곤 한다. 때로 불교는 깨달은 이(여래, 부처)만이 있을 뿐 다른 잡신은 없고, 있어도 그를 숭배하는 짓거리는 더 이상 하지 말아야 한다는 주장도 있다. 다 맞는 말이다. 그러나 달리 보면 맞지 않는 말이다. 앞의 경우의 대표적인 사례는 구한말 이래 개신교 선교사들의 선교 전략, 인식과 그를 오늘에까지 이어가고 있는 개신교계의 주장이다. 뒤의 경우의 대표적인 사례는 만해 한용운 시인(선사)의 불교유신론과 그를 변주한 선승(禪僧, 성철 등) 및 초기불교 회귀론자들의 주장이다. 두 극단적인 주장에는 묘한 공명이 있다. 이 두 극단의 주장 배경에는 근대(근대주의)가 숨어 있는 것이다.

　19세기 후반 한반도에 들어온 개신교 선교사들은 전투적 해외선교의 소임(미션)을 안고 식민지(혹은 가능성 있는 지역)에 파송된 사람들이다. 그들의 눈에 구한말 조선의 대중들의 복잡한 신앙대상과 우둔한 신앙행태는 다름 아닌 우상숭배였다. 대표적인 표적은 백성들의 마을, 가정신앙이 하나였고, 다른 하나는 사찰의 만신전(萬神殿)이었다. 장승과 솟대, 당산, 산신, 사천왕, 열시왕, 수많은 불보살과 신중 등 열거하자면 끝이 없는 대중 신앙의 대상들이 모두 우상숭배의 대상으로 여겨졌다. 그것은 미개 지역 대중들의 수준을 보여주는 증거이며, 그들은 '하나님 나라'로 인도해야 할 선교의 대상이었다. 그리고 선교사는 문명, 과학기술, 군사력, 즉 힘을 지닌 근대의 표상이었다. 신앙 대상으로서의 우위를 점하기 위한 전쟁은 한국종교사에서 매우 낯선 (보기에 따라서는 처음 보는) 풍경이었다. 그러나 선교사들에게 이는 절체절명의 과제였다. 당연히 각종 잡신들은 우선적인 타도의 대상이었고, 이에 대한 집요한 공격은 한국 근현대 종교사의 한 특징으로 자리 잡고 있다. 이들 선교사들은 대체로 보수적 기독교신학(복음 근본주의) 과 서구적 근대화의 이데올로기로 무장한 사람들이었다.

다른 한편 불교 내부에서도 다양한 신중(神衆)에 대한 신앙이나 산신각, 칠성각 등의 존재를 비불교적인 것으로 매도하며, 이에 대한 신앙행위를 금하자는 견해가 있어 왔다. 그중 가장 격렬한 비난은 만해 선사의 조선불교유신론 중의 논불가지각양의식(論佛家之各樣儀式)에서 잘 드러나고 있다. 만해선사는 의식의 간소화, 염불당 폐지, 소회 (塑繪)의 폐지 등을 주장하였는데, 특히 사찰 안에 봉안된 각종 불상과 탱화 등을 모두 철거하고 석가모니불만 모시자는 주장을 펼쳤다.

다른 한편 강도가 조금 낮은 견해로는 현대 한국 선불교를 대표하는 성철 선사 등(봉암결사 共住規約) 수행자들에 의한 신중단(神衆壇) 불공의 폐지와 반야심경 봉독으로의 간소화 주장이 있는데, 이는 오늘날 대다수 사찰에서 의식의 간소화 경향에 따라 실행되고 있다. 이는 신중들이 불법과 법회도량을 옹호하는 신장(장군)들에 불과하기 때문에 성불을 추구하는 수행자들이 부처에 준하는 예경(神衆佛供)을 드리는 것은 적합하지 않다는 주장이라고 하겠다.

또한 최근 급속하게 확산되고 있는 초기불교운동에서도 유사한 주장이 전개되고 있기도 하다. 이들은 심지어 대승비불설(대승은 부처의 가르침이 아니다) 등 대승불교 성립 전후 형성된 다양한 불보살 신앙이나 신중 신앙 등을 부정하고 사성제와 팔정도, 십이인연법, 업설 등 석가모니 부처의 핵심 가르침에 충실한 것이 불교의 본연이라는 주장을 펼치고 있다.

이같이 근현대 한국불교에서 스스로 그 다양한 불보살과 신중 신앙을 거부하고 부정하는 주장이 펼쳐지는 것은 매우 이색적이다. 그것도 일제에 대항한 독립투사이자 민족문학시인인 만해선사, 그리고 해방 후 한국 선수행 가풍을 대표하는 선사, 그리고 현대 한국불교의 혁신을 주장하는 이들에 의해 그러한 주장이 강력하게 개진된 것은 아주 특이하다 하겠다. 왜 그럴까? 일제 이전에는 교학이나 선수행 어느 쪽에서든 다양한 불보살과 신중 신앙을 거부한 사례는 찾기 어렵다.

이들 근현대의 불교인들에게서 개항기 이후 밀어닥친 근대주의의 세례와 영향을 구체적으로 적시하는 것은 쉽지 않다. 그러나 조선 패망 후 서구문명의 유입, 일제강점 등 변화된 상황에 대한 대응책으로 불교의 전근대성을 혁파하자는 불교유신론에는 강한 근대주의의 기저가 깔려 있다. 또한 해방 후 수행가풍의 지킴이를 자처하며 봉암사 결사(結社)를 주도한 성철 등 선사들의 주장에는 근대의 세속화에 대항하며 수행가풍의 회복과 보존을 열망하는 반세속화, 반근대의 메시지가 깔려 있다. 그러나 이는 역설적으로 근현대에 수행불교를 자리

잡게 하려는 강한 근대주의의 표현으로 볼 수도 있다.

한편 이들 주장에 또한 공통되는 것은 몰역사성과 반대중주의이다. 이들은 불교 신앙의 형성 과정과 역사적 변화에 대해 아예 눈길을 돌리지 않는다. 불교 신앙의 대상들은 부처 당시에 한순간 생긴 것이 아니다. 부처 당시의 상황에 대해 굳이 언급할 것은 없다. 그러나 불교 발생 이후 인도에서의 1500여 년 불교의 흥륭과 소멸, 그리고 불교가 퍼져나간 전파의 경로와 그 과정에서의 다양한 문화적 접변에 대해서는 주목을 해야 한다.

불교의 경우 그 전파 과정과 경로에서의 문화적 변용은 세계종교사상 매우 특이한 특징이라 할 수 있다. 이는 바로 그 신앙대상과 내용의 다양성으로 표현되고, 그것이 오늘날까지 이어지고 있는 것이다. 역사에 대한 성찰 없이 그 기나긴 세월 축적된 종교유산에 대해 근대의 이데올로기에 기초해 일방적으로 매도하는 것은 설득력이 없다.

또한 이들의 주장은 대중에 대한 편견이 그 바탕에 깔려 있다. 기독교 선교사들의 경우 모든 대중이 선교의 대상이지만 현재 그들의 신앙이나 행태는 지극히 야만적이고 미신의 세계에 사로잡혀 있다는 전제가 있다. 또한 불신자에 대해서는 가차 없이 가혹한 지옥불의 징계를 내린다. 불교의 경우도 대중 신앙의 대상에 대한 폄하나 무시는 기나긴 세월 대중이 의지하고 신앙하던 불교문화의 정화를 스스로 폐기하는 것이다. 양자 공히 대중은 선교의 대상이거나 구제의 대상이지만, 그들의 '현재' 신앙과 그 행위에 대해서는 적대적인 것이다.

2500여 년에 걸쳐 성립된 불교적 신앙세계는 때로 미신으로, 때로는 비불교적인 신행으로 비난받거나 매도되기도 한다. 그러나 삼세불과 시방불을 비롯하여 불교와 민간신앙의 만남이라 할 다양한 신중신앙은 그 자체로서는 비난의 대상이 될 수 없다. 대중의 일상적인 고통과 아픔은 근원적으로 치유되기 어려우며, 죽음의 공포 또한 사라질 수 없다. 다양한 불보살 신앙과 신중 신앙은 역사 과정 속에서, 그리고 다양한 지역의 문화적 환경 속에서 형성되었고, 그 나름의 역할을 다해왔다. 오늘날 몇몇 불보살과 신중 외에는 더 이상 일상적 신앙 대상으로 모셔지고 있지는 않다. 현대의 문화적 변동과 대중의 높아진 인지(人智)는 예전과 같은 무조건적인 신앙을 더 이상 지속시키기 힘들게 한다.

그러나 근대 이후 전개된 불교신앙의 대상에 대한 몰역사적인, 그리고 반대중적인 매도는 올바른 자세는 아닐 것이다. 역사 속에 대중의 처지와 더 나은 삶을 위해 애쓰던 지극한 정성, 그리고 그에 대응하여 다양한 신앙세계를 창작해 냈던 불교계의 노력은 근현대의 기준에서가 아니라 역사라는 기준에서 평가해야 할 것이다.

진철승

소리가 머무는 상자, 유성기

근대에는 수많은 테크놀로지가 발전된 시기이다. 그에 따라 증기, 철도, 전기, 비행기, 라디오, 유성기, 영화 등 수많은 문명의 이기(利器)들이 개발되었고, 현재에도 우리 삶 곳곳에서 활용되고 있다. 이렇게 볼 때, 근대는 우리가 최초로 다양한 기술을 우리 일상에 깊이 활용했던 시기라고 할 수 있다. 이렇게 산업화의 동력이 된 테크놀로지는 대개 서구 근대과학의 산물이다. 다시 말해 이들은 서구에서 개발되어 전 세계로 확장된 서구세계의 발명품이다. 당시 조선인들에게나 다른 아시아인들에게 이 서구의 발명품은 문명의 '이기'이자 '신기한' 물건이었다. 또한, 이 신기한 물건은 서구에서 배를 타고 들어온 '박래품(舶來品)'이기도 했다.

박래품으로서 조선에 등장한 이 문명의 이기들은 그 형성 과정에 대한 이해 없이, 결과로서만 조선인들 앞에 나타났다. 다시 말해 이들은 조선 내부의 축적된 기술을 바탕으로 형성된 산물이 아니라, 어느 날 갑자기 눈앞에 나타난 '신기한' 물건이었다. 이렇게 특정한 테크놀로지의 산물을 결과로만 접했을 때, 인간은 이런 새로운 대상에 대한 이해 방식을 고안하게 된다. 첫 번째 방식은 대상의 원리보다는 눈에 보이는 현상을 중심으로 접근하면서 상상력을 작동시키는 것이다. 그

대상이 전에 볼 수 없던 '신기한' 물건이라면, 호기심과 상상력은 더욱 배가된다.

조선에 박래된 대부분의 근대적 문물은 이러한 상상력의 작동 속에서 놀라움과 신기함으로 다가왔다. 그리고 개별 테크놀로지의 특성이 상상력과 결합되어 발현되었다. 특히 유성기는 '소리'에 대한 조선인들의 상상력을 자극했다. 소리는 내뱉어지는 순간 사라져 버리지만, 유성기의 상상력은 소리의 일회성을 초월하여 '영원'을 꿈꾸게 하는 것이었다. 유성기가 조선에 유입된 것은 1887년으로 추정된다. 1941년 《신동아》 기사에는 1887년 박정양이 전권대신으로 미국에 갔을 때, 이를 수행한 이완용과 이하영이 당시 "미국서 성(盛)히 선전되고 있"는 유성기를 보고 기이하게 여겨 이를 조선에 들여와 순종에게 헌상하였고, 순종이 이를 매우 진기하게 여겨 이완용과 이하영을 크게 칭찬하였다는 내용이 있다.

이렇게 조선에 들어온 유성기는 매우 놀라운 기계였다. 소리란 뱉어지는 순간 흩어져 사라지는 공기와도 같은 것인데, 이 놀라운 기계는 사라지는 소리를 잡아 상자에 담아두는 것이 아닌가! 이렇게 소리를 잡아둘 수 있는 기계는 당시 누구나 신기하게 여겼을 것이다. 이러한 정황은 당시 신문 기사를 통해 확인할 수 있다. 1899년 4월 20일에 발간된 《독립신문》의 한 기사는 노래를 유성기에 넣고 "각부 대신 이하 제 관인이 춘경(春景)을 구경하라고 삼청동 '감은정'에 잔치를 배설하"였다고 하면서, "명창 광대의 춘향가를 넣고 그 다음에 기생 화용과 금랑 가사를 넣고 말경에 산홍과 학봉 등의 잡가를 넣"었는데, 이 작은 기계에서 이것들이 완연히 나오는 것을 보고 사람들이 구름같이 모여들고 기이하다며 칭찬하고 종일토록 놀았다고 쓰고 있다.

소리를 저장하고, 이를 지속적으로 반복할 수 있다는 것은 인간의 오래된 꿈인 '영원'을 실현할 수도 있는 것이다. 다시 말해 사라지는 소리를 저장해서 지속적으로 반복할 수 있다면 그리고 이를 후대까지 전할 수 있다면, 소리의 주인공은 사라지지 않고 영원히 존재할 수 있게 되는 것이다. 그리고 이는 인간의 오랜 염원인 '불멸성'으로 접근할 수 있는 하나의 방식이기도 하다. 이러한 불멸에 대한 상상은 당시 유명한 명창이었던 이동백과 명고수 한성준의 대화 속에서 나타난다. 한성준은 이동백의 목소리를 들어 조선의 소리요, "조선의 단 하나뿐이 명창"이라고 설명한다. 이에 이동백은 "늙으면 죽는 거지만 소리만 남어 있으면 허겠단 말이다."라고 말하였다. 이를 들은 한성준이 "유성기 소리판이 있어서 후세에 전할 수 있"다고 대답한다. 결국 근대적 테크놀로지인 유성기를 통해 사라질 소리를 '영원히' 간직할 수 있다는 상상을 하고 있는 것이다.

물론 이러한 대담기사가 나온 당시의 조선 사회에는 어느 정도 유성기가 일상화된 시기였다. 따라서 이들 역시 유성기에 저장된 소리가 영원히 반복되지 않는다는 기계적 한계를 인식하고 있었다. 하지만 이들은 과학이 지속적으로 발전한다면, 결국 미래에 자신들의 목소리가 영원토록 간직될 수 있을 것이라는 기대를 피력한다. 이러한 기대는 유성기의 한계를 명확히 인식하고 있음에도, 테크놀로지에 대한 인간의 환상을 그대로 반영하는 것이었다. 다시 말해 계속되는 문명진보를 통해 중국에는 '이 기이한 과학'이 인간에게 '영원'과 '불멸'을 선사할 것이라는 '믿음'이었던 것이다. 이러한 물신적 믿음은 물신적 욕망으로까지 나아간다. 1930년《매일신보》의 한 기사는 〈진기한 축음기 제〉라는 기사를 다루고 있다. 그 내용은 경성에 있는 축음기 상(商)들이 모여 축음기 제(祭)를 지냈는데, 식장에 축음기를 안치하고 신관을 두어 '제사(祭詞)'를 드리고, 숭배하였다는 기사이다. 이 의례가 어떤 의도에서 기획되었는지는 짧은 기사를 통해서는 온전히 파악할 수는 없다. 단지 '경성축음기상조합'이 이 의례를 기획하였고, 유성기 발명 53주년을 맞아 이를 기념하였다는 점에서 축음기의 판매를 촉진하고자 하는 의도를 가지고 있지 않았을까 추측할 수 있다. 하지만 이들이 축음기를 식장에 안치하고 숭배하였다는 점은 매우 흥미롭다.

어쩌면 종교란 기존에 인식할 수 없었던 대상에 대한 기발한 상상력이 아니였을까? 기존의 인식 범위을 벗어난 새로운 인식체계를 강요받을 때, 이 양자 간의 불일치를 메우는 것은 인간의 상상력이었다. 그런 상상력을 바탕으로 인간은 기존과 다른 세계에 대한 이해를 시작한다. 그렇다면 종교는 상상력을 통해 불일치한 세계를 이해하는 인식의 방법은 아니였을까? 또한 비현실의 세계를 상상력으로 접근하여 현실화하고 그러한 현실을 살아가는 인간들에게 종교는 일상적인 삶의 방식은 아니였을까? 그렇게 볼 때, 종교는 인간과 세계의 불일치를 메우는 인식임과 동시에 그런 세계를 살아가는 삶의 한 방식으로 이해되어야 할 것이다.

도태수

사소하거나 중대하거나

필자는 7남매 중 둘째 딸이다. 어머니는 줄줄이 딸 여섯을 낳은 뒤에야, 눈물겨운 막내아들을 얻었다. 대개의 시부모들이 간절히 손자를 기다리던 시절이다. "딸만 낳은 죄인"이라서 막내를 낳을 당시 어머니는 해산기(解産氣)가 있음을 가족에게 알리지도 못했다. 그때 아버지는 친척집 제사로 출타 중이었다. 외할머니는 딸만 둘을 낳았는데, 막내딸인 어머니와 함께 살면서 우리를 키워주셨다. 평범한 나의 가족사가 무슨 소용이라고 이렇게 사설을 늘어놓는지, 독자들이 궁금하실 것 같다.

내가 아주 어렸을 때, 무슨 까닭인지 몰라도, 어른들이 나를 "미륵"이라고 부르던 기억이 난다. 그리고 어머니를 통해서 들은 외할아버지 친척 중에는 생업을 돌보지도 않고 불교공부에 묻혀 살던 분이 있었다. 또 '육이오 난리' 통에는 외할아버지가 고창 선운사에 숨어 있다가 인민군에게 붙들려가서 총살을 당했다고 들었다. 그처럼 우리 집안은 나름대로 불교와의 인연이 있다. 그럼에도 어머니는 초로(初老)에 천주교에 입문하여 독실한 신자로 당신의 생을 마감하셨다. 당연히 어머니의 장례 미사는 평소 다니던 작은 성당에서 보게 되었는데, 그날 신부님의 집전 태도가 얼마나 정성스러웠던지, 신자가 아닌 나에게도 깊은 감동을 주었다.

그런데 어머니가 천주교 신자가 되고자 결심한 것은 외할머니가 돌아가신 것이 계기가 되었다. 아들이 없으니 평생 딸네 집에서 더부살이 하듯 사신 우리 외할머니의 서럽고 초라한 장례식장에 아파트 이웃주민인 천주교 신자들이 찾아와서 많은 고마운 일을 함께 해주었다. 어머니는 그 일의 고마움을 잊지 말아야 한다고 하면서 의리(義理)를 지키기 위해 천주교회를 다니게 되었다. 물론 어머니는 변함없이 유교 제사를 성실히 모셨고, 간혹 내가 절에서 받은 강의료를 용돈으로 드리면 그 사찰의 이름이 적힌 봉투째 성모 마리아 상(像) 앞에 놓고 감사기도를 하였다. 그런 가운데 우리 집의 7남매는 각각의 인연에 따라 자유롭게 천주교인 3명, 불교인 3명, 개신교인 1명이 되었고, 서로의 신앙에 관련해서는 아무런 거리낌도 불편함도 없었다.

그 일곱 중 다섯째인 동생이 엊그제 세상을 떠났다. 그 동생은 여고 시절 불교학생회 활동을 시작한 이후 거의 40년을 줄곧 불교신자로 살아왔고, 최근 1년 남짓의 암 투병을 하는 동안에는 사정상 개신교인 셋째 언니의 돌봄을 많이 받았다. 다섯째가 호스피스 기관에 입원을 해야 했을 때도, 셋째가 10여 년 봉사활동을 해 왔던 곳이면서 유명한 호스피스 병원을 선택하였다. 그 병원의 설립자 겸 원장인 목사님이 정말 훌륭한 분이었고, 간병하는 의료진이나 봉사자들의 미소 짓는 얼굴이 존경스럽게 느껴지는 곳이었다. 우리 6남매는 매주 한 번씩 교대로 병실에서 1박 2일 셋째를 돌봤다. 지금도 한 달 남짓 거기서 만났던 모든 사람들이 친절하게 환자를 돌보고 위로해 주던 그 모습이 고

맑고 아름답다.

그럼에도 불구하고, 내 마음에 자꾸만 걸리는 문제 한 가지가 발생하였다. 아마도 그 문제는 사소하거나 혹은 중대하거나, 어느 한쪽에 속할 것이다. 그것은 병원 관계자들이 우리 다섯째에게 기독교 세례를 받으라고 계속 권하는 것이다. 아침저녁으로 매일 두 번씩 전체 병실의 TV에서 예배 방송을 보여주는 것은 아예 그러려니 생각했지만, 직접 환자에게 세례 받기를 권하는 일이 점점 더 노골적으로 되어 갔다. 몸이 무너져 가고 치료도 소용이 없어진 말기 환자에게 잠시나마 몸에 활기를 주는 것이 림프 마사지라고 한다. 그런 림프 마사지를 땀 흘려가며 간절하게 해주는 이에게 우리 집 다섯째는 정말 감동을 한 모양이었다. 성실한 마사지로 환자의 마음을 얻은 그 친절한 집사는 환자에게 세례받기를 당부하며 돌아갔고, 마지막을 앞둔 어느 날, 우리 집 다섯째는 개종(改宗) 세례를 받아들였다고 한다. 필자는 그날 그 자리에 없었다. 다섯째는 아무에게도 자신의 세례를 말하지 않았기 때문에, 처음에는 우리가 그 상황을 알지 못하고 있었다. 결국 다섯째가 떠나고, 둘째인 내가 굳이 반대할 명분을 찾지 못하였기에 장례는 기독교식으로 진행되었다.

다섯째가 그 호스피스 병원에 들어가기 전에 나는 종교문제를 확인했다. 종교와 상관없이 이용할 수 있다고 했고, 개신교인이 아닌 환자도 많다는 설명도 들었다. 여하간 임종(臨終)을 지키지 못한 나로서는 동생에게 개종의지를 확인할 수도 없었기 때문에, 도대체 이 상황을 어떻게 받아들여야 할지, 예상보다 훨씬 더 복잡한 생각들이 교차

하는 요즈음이다. 더욱이 다섯째의 아들 즉 내 조카의 말로는, "엄마가 돌아가시기 전날 밤에도 계속 '관세음보살 관세음보살' 하고 계셨어요. 세례는, 병원에서 돌봐준 사람들이 고마우니까 받은 거래요."라고 했다.

그곳의 장례식을 '천국 환송예배'라고 칭하며, 우리 집 다섯째가 "평생 주님을 모르고 살다가 마지막 순간에나마 주님의 품에 안겨 천국으로 가게 된 것을 크게 다행으로 알고 기뻐하라."는 목사님의 말씀을 어떻게 생각해야 할까? 정녕, 곧 죽을 자가 살아남은 자들을 기쁘게 하기 위하여 받아야 할 세례인가? 사대(四大)로 돌아간 동생에게 묻고 싶다. 평생 불자로서 함께 호흡한 둘째 언니가 절에 가서 49재를 지내고 싶은데, 다섯째 자네 생각은 어떠신가?

이혜숙

참된 심정이 빚어내는 거짓 문제들
그리고 vice versa

　얼마 전에 번역했던 책*「부록」의 제목이 '몸에 맞지 않는 옷 입기'였다. 중국학이나 사상사 전반에 관심이 있는 이들이라면 유익한 정보와 흥미로운 사고의 실마리를 많이 담고 있는 이 글을 직접 읽어보시는 것이 좋으리라 생각한다. 그러나 논지만 간단히 지적해보자면, 결국 '중국철학'과 '유교'를 정의하고자 했던 오랜 문제는 참된 역사와 참된 심정으로 충만해 있지만 사실은 거짓 문제라는 것이었다. '철학'이니 '종교'니 하는 용어나 그에 상당하는 관념이 없던 중국인들이 울며 겨자 먹기 식으로 서구 학문의 세례를 받은 후, 백년이 넘는 오랜 시간 동안 타자의 장점이라 여기는 바를 선망하면서 "우리도 그것이 있다"고 주장하거나, 혹은 타자의 단점이라고 여기는 바에 대해서 "우리는 그런 것 따위는 없다"고 주장했으며, 나아가 "그런 단점은 없는 어떤 비슷한 것, 그러니까 더 위대한 것은 있다"고 주장했던 학자들의 노력을 중국인 저자는 담담하게 묘사하였다.

---

*　거자오광(葛兆光) 선생의 『사상사를 어떻게 쓸 것인가(思想史的寫法』(경산: 영남대학교출판부, 2008)이다.

양복을 입어 보고는 치렁치렁한 창파오보다 활동하기에 한결 편리하다고 느낀 중국인들은 양복 재단을 배우게 되었고, 순식간에 옷가게는 모두 양복을 만들어 파는 집으로 바뀌었다거나, 양복을 중국인 체형에 맞게 이리저리 뜯어고치고 보니 영 양복의 꼴이 아니게 되어 버렸다거나, 또 창파오를 이리저리 고쳐서 입어봐야 양복에 익숙한 사람들이 보기엔 아무래도 양복으로 보이지 않는다거나 하는 비유를 들면서, 저자는 이제 '철학'이나 '종교'라는 용어를 사용하지 않고는 한마디도 할 수 없게 되어 버린 중국 학계의 백년사를 풍자하듯, 그러나 사실적으로 그려냈다. 이런 상황은 우리의 학계에 그대로 적용될 뿐 아니라, 우리는 한글에 섞여 있는 한자어라는 한 겹의 막을 또 의식해야 하는 상황이라, 이 글을 읽는 재미가 예사롭지 않았던 것 같다. 저자는 이제 중국철학과 유교의 정의 문제를 더 이상 정의로부터 시작하는 것은 무의미하다는 입장에서, 예컨대 구체적인 역사적 현상에서 출발한다거나, 의례 및 제도나 풍속 등에서 출발하는 방식의 몇 가지 연구 사례들을 소개하고 있다.

'참된 심정이 빚어내는 거짓 문제'라는 말은 좀처럼 지워지지 않고 자꾸 머릿속을 맴돌았다. 20세기 후반의 30년 정도 전 세계의 유교 연구자들이 열중했던 유교와 자본주의의 연관성 문제 역시 이와 비슷한 것이 아닌가 하는 생각이 든다. 유교가 타도해야 할 낡은 전통이 아니라 전도유망한 동아시아의 가치 있는 전통이며, 동시에 자본주의 역시 포기할 수 없는 체제라는 판단 하에 많은 유교 연구자들이 이 주제에 뛰어들었고 많은 학회들이 이 주제를 선회하였다. 그러나 이윤의 추구와 창출에 무관심한 것을 지나 선진 시대의 대표적인 유가들은 유교가 추구하는 윤리적 덕목과 이윤 추구가 배치된다는 기본적 방침을 뚜렷이 제시하고 있는데* 유교와 자본주의의 관련성이 왜 그렇게 중대한 학술적 테마가 되어야 했을까 모르겠다. 1997년 한국을 비롯한 동아시아 지역의 일부 국가에 IMF 사태가 일어난 이후, 유교와 자본주의 논의가 점차 사그라졌던 것만을 보아도 이는 참된 역사와 참된 심정이 빚어낸 거짓 문제의 일종이라고 필자는 짐작한다.

역으로 거짓된 심정이 빚어내는 참된 문제도 없지 않은 듯하다. 신문이나 뉴스를 그다지 눈여겨보지 않는 사람들도 지금 한국 사회를 후끈 달구고 있는 '종교 편향'이라는 말을 한두 번은 들어보았을 것이다. 종교학 개론이라도 들어보았거나 종교학 관련 서적 한 권이라도 읽어본 이들에게는 지금의 대통령과 일부 공무원들이 그동안 보여준 종교 편향적 언행의 사례들—서울 봉헌 발언으로부터 성시(Holy City)화 운동, 정부 복음화 관련 언행들을 상기하는 것으로도 충분하다—은 그저 코웃음이 날 뿐, 문제 삼을 만한 것도 아닐 것이다. 한 성직자가 혼신의 힘을 불살라 자기 주변에 신앙의 불씨를 전달하고자 하는 노력이라면 아름다울 수 있다. 그러나 여기에 공직의 권위나 행정력이 은연중에 동원된다면 그것은 엄연한 사회적 폭력이자 종교적 강압

---

* 見利思義(견리사의: 이익을 보거든 올바른 것인지 생각하다)라는 문구를 들어, 유교는 물질적인 이로움을 거부하지 않는다고 주장하는 경우가 종종 있는데, 이 문구가 이로움을 추구하라는 권유는 결코 아니다.

의 혐의를 벗어날 수 없다.

그런데 코웃음 칠 일들이 계속되면서 불교계에서 이를 문제 삼게 되었고 급기야 현 사회의 급박한 문제가 되었다. 물론 불자들 중에는 그들의 종교적 신념과 신앙의 자유가 위협받으리라는 진정한 우려와 근심에서 종교 편향을 이슈화하고 이명박 정부 범규탄 대회에 참가하는 분이 계실 것이다. 그러나 이 역시 자칫 잘못하면 현 정부의 최고 권력자가 선출되는 과정에서 보았던 특정 종교의 정치세력화를 모방한다는 비난을 면하기 어려울지 모른다. 다종교사회 혹은 종교의 다원화라는 종교학의 낡은 문제가 한국 사회에서 이제야 보편적인 이해의 지평에 서게 되는가 보다. 어쩌면 종교 편향에 유감 표명을 하거나 "공무원은 직무를 수행함에 있어서 종교 등에 따른 차별 없이 공정하게 업무를 처리하여야 한다."는 추상적인 공무원 복무규정 개정을 시도할 것이 아니라 종교학의 기본적인 소양을 갖추고 공유해야 할 시점이다.

답도 있고 대책도 세워진 문제는 진정한 문제가 아니다. 종교가 좋은 것이라고 여긴 이들은 유교에도 자기가 좋다고 여기는 종교의 몇 가지 측면이 분명히 존재한다고 나열하며 유교를 종교라고 주장했고, 종교가 나쁜 것이라고 여긴 이들은 유교엔 그따위 것은 없다고 하며 유교와 종교의 다른 점을 나열했다. 이제 우리는 싫든 좋든 종교라는 용어를 사용하지 않을 수 없는 시대를 살고 있으며, 종교박람회가 더 이상 앤소니 드 멜로 신부의 우화집 제목만은 아니게 되어 버린 시점에 도달해 있다. 나는 현재 한국 사회에서 뜨거운 이슈가 되고 있는 종교 편향이라는 문제가 한국의 정치와 언론에 몸담고 계시는 분들, 학술 연구에 종사하시는 분들에게 단지 자기의 입장과 답을 가지고 그 도출 과정을 임의로 재단할 수 있는 거짓 문제가 아니라, 분명한 답이 보이지 않아 조금은 당황스러울 수도 있는, 그래서 열린 마음으로 공부하고 생각하고 토론하지 않을 수 없는 참된 문제이기를 바란다. 그렇게 된다면 이는 참되기만 하지는 않은 심정이 빚어낸 문제라고 할지라도, 거짓 문제가 아닌 참된 문제라고 말할 수 있지 않을까?

이연승

이야기하는 인간

"이야기를 해야 알죠!"

우리가 자주 사용하는 이 짧은 문장에 인간과 이야기의 불가분의 관계가 함축되어 있다. 인간은 마치 파편과 같은 자기 경험을 이야기로 엮음으로써 비로소 삶을 인식한다. 우리의 삶 자체가 이야기는 아니지만 그것은 언제나 이야기의 형태로 우리에게 다가온다. 삶이 있는 곳에 이야기가 있고, 이야기가 있는 곳에 삶이 있다. 삶은 이야기를 하고 또 이야기를 듣는 행위를 통하여 의미를 잉태한다. 이야기가 없는 삶은 생물학적 생존의 연속일 뿐이다. 이야기는 삶의 단편적이고 부분적인 혼돈의 요소를 질서의 구조 속에 위치하게 한다. 따라서 인간은 이야기를 만들고, 이야기는 인간의 삶을 빚는 셈이다.

일반적으로 이야기에는 어떤 사실이나 사건을 전달하는 이야기가 있다. 또 비록 사실로 실증은 안 되지만 인간에게 어떤 의미를 부여하고 한편으로는 집단의 이데올로기의 기능을 하는 이야기가 있다. 가령 『삼국유사』에는 「고조선(古朝鮮)」에서 「빈녀양모(貧女養母)」에 이르기까지 총 138개의 다양한 이야기가 들어 있다. 「고조선」 첫 문장은 중국의 『위서(魏書)』를 인용하여 "지금으로부터 2천 년전에 단군왕검이 도읍을 아사달에 정하고 나라를 열어 조선이라고 불렀는데 중국의 요(堯)와 같은 때이다"라고 하여 고조선 개국이라는 역사적 사실을 이야기한다.

이어 『고기(古記)』를 인용하여 "옛날에 환인의 서자 환웅이 천하에 자주 뜻을 두고 인간 세상을 탐하여 구하였다. 아버지(환인)가 아들의 뜻을 알고 삼위태백(三危太伯)을 내려다보니 인간 세상을 널리 이롭게 할 만하여 이에 아들에게 천부인(天符印) 3개를 주어 가서 다스리게 하였다. (중략) 단군은 이에 장당경으로 옮겼다가 뒤에 돌아와 아사달에 숨어서 산신이 되었으니, 나이가 일천구백팔세였다"라고 하여 시조의 탄생 및 건국의 경위에 대해 이야기를 하고 있다. 이 이야기는 우리의 시조는 하늘의 뜻에 따라 신성한 결합을 통해 탄생했으며, 생명의 근원이 하늘에 있다는 메시지로 해석된다. 『위서』를 인용한 것은 '사실로서의 이야기'라고 한다면 『고기』를 인용한 것은 '사실에 대한 해석으로서의 이야기'라고 할 수 있다.

19세기 말 동아시아에 새로운 용어인 '신화(神話)'라는 말이 등장하면서 「고조선」 이야기는 '단군신화'라고도 불리게 되었다. 하지만 신화라는 개념어의 다의성(多義性), 나아가 일제강점기라는 시대적 상황에서 한일 역사학자들의 단군 연구와 관련하여 논쟁은 끊이지 않고 있다. 『삼국유사』에서 고대국가와 관련된 「북부여」, 「동부여」, 「고구려」, 「신라시조 혁거세왕」 이야기가 건국신화 혹은 시조신화이면서 한편으로는 고대 역사라는 것을 부정하지 않는 것과 비교가 된다.

중고등학교 교과서의 고조선을 서술한 부분을 보면 "단군의 건국 이야기는 우리 민족이 어려움에 처했을 때 민족의 단결을 높이는 데 도움이 되었다." (고등학교 『한국사』, 비상교육, 교육부 검정, 2013년 8월 30일) 또 "단군 이야기는 오랜 세월 입에서 입으로 전해지다가 기록으로 남겨진 것으로 당시의 역사적 사실을 반영하고 있다. 우리는 단군 이야기를 통해 고조선 건국과 관련된 청동기시대의 사회 모습을 알 수 있다." (중학교 『역사』 상, 미래엔, 교육과학기술부 검정, 2010년 7월 30일) 라고 하였다. 필자가 살펴본 검정 교과서에서는 공통적으로 단군을 언급하면서 '이야기'라고 하였다. 이는 이야기의 존재론의 관점에서 보면 적절한 표현이지만 한편으로는 단군 이야기를 두고 '신화'라고 하면 식민사관이고, '역사'라고 하면 민족사관이라는 이분법적인 태도로 인한 소모적인 논란을 의식한 표현은 아닐까, 라는 의구심을 떨칠 수 없다.

하정현

세월의 눈금

　로빈슨 크루소가 날짜를 계산하기 시작한 것은 난파된 배에서 탈출하여 섬에 도착한지 며칠 지나서였다. 그는 그동안 만들어 놓은 거처의 문 앞에 기다란 말뚝을 세우고, 그 윗부분에 가로로 나무를 덧대어 큰 글자를 새겼다. "1659년 9월 30일 이곳 해변에 도착했다." 로빈슨 크루소는 매일 아침 그 말뚝 위에 조그만 눈금을 새겼다. 7번째 눈금은 두 배로 크게 만들어, 일요일이라는 것을 나타냈다. 30번째 눈금은 좀 더 길고 컸다. 눈금이 365개가 되는 날이 되면 해가 있을 동안에는 금식을 하다가 해가 진 다음 약간의 음식을 먹었다. 그는 금식하면서 자신이 살아 있음에 대해 신에게 감사를 드렸다. 로빈슨 크루소에게 눈금을 새기는 일은 자신을 찾는 것이었고, 신과의 관계를 돈독하게 하는 것이었다.

　대니얼 디포(Daniel Defoe, 1659-1731)의 로빈슨 크루소에게 중요한 점이 7일마다 돌아오는 일요일을 알고 기도드리는 것이었던 반면, 정학유(丁學遊, 1786-1855)의 〈농가월령가〉(農家月令歌, 1816)에서 조선시대 농부에게 중요한 것은 24절기에 맞춰 사는 일이었다. 24절기는 12달에 두 개씩 들어가며, 두 절기 사이가 보름이 되고("이십사 절후는 십이삭에 분별하여 매삭에 두 절후가 일망(一望)이 사이로다."), 세 달이 한

계절을 이루어 춘하추동을 거치면 한 해가 된다. 〈농가월령가〉는 매월 농부가 때에 맞춰 해야 할 농사일과 세시풍속을 가사(歌辭)체로 적은 글이다. 〈농가월령가〉에 따르면 지금은 11월로서 맹동(孟冬)과 계동(季冬) 사이인 중동(仲冬)이다. 대설(大雪), 동지(冬至)의 절기가 있고, "해 짧아 멋이 없고, 밤 길어 지루한" 때이다. 아낙네는 "등잔불 긴긴 밤에 길쌈을 힘써 하고, 늙은이는 일없으니 돗자리나 매어보는" 시절이다.

로빈슨 크루소는 청교도적 개인주의의 상징이자, 영국 식민주의의 전형을 나타내는 존재로 일컬어지고 있다. 그의 자립성, 계산 능력, 계획을 세우고 냉정하게 실현시키는 힘, 성적인 무관심, 과묵함의 자질, 그리고 이른바 야만인에 대한 자신의 우월성과 지배력을 조금도 의심하지 않는 태도를 보면 그런 평가에 수긍하게 된다. 로빈슨 크루소는 그가 목숨을 구한 "야만인"의 이름을 "프라이데이"라고 붙였다. 야만인을 만나 구해준 것이 금요일이니, 이름을 그렇게 지은 것이다. 삽화를 보면, 로빈슨 크루소의 발은 엎드려 있는 프라이데이의 어깨에 올려져 있다. 그가 목숨을 구해 주었으니 정복자의 자세를 취하는 것은 당연한 것이다. 대니얼 디포의 작품에서 프라이데이는 결코 부속품의 지위에서 벗어나는 일이 없다. 미셸 투르니에(Michel Tournier, 1924-2016)가 소설 『방드르디, 태평양의 끝』(Vendredi ou les limbes du Pacifique, 1967)을 쓴 것은 그런 당연함을 전복시키고 싶었기 때문이다. 거기에서 로빈슨 크루소와 '금요일'의 주객관계는 근본적으로 바뀌게 된다. 그래서 소설 제목도 로빈슨 크루소가 아니라, '방드르디',

즉 금요일이라는 야만인의 이름이다.

2018년의 한국에서 〈농가월령가〉에 나타난 세월의 눈금을 찾기는 어렵다. 농사의 리듬에 맞춰 사는 생활방식이 깨진 지 이미 오래되었기 때문이다. 24절기에 관심을 보이는 사람도 그리 많이 볼 수 없고, 날씨 예보하면서 양념처럼 언급될 뿐이다. 며칠 전에 지난 동지에 먹은 팥죽은 영양소의 측면으로 환원되어야 우리에게 겨우 의미가 있게 되는 형편인 것이다.

로빈슨 크루소가 무인도에서 보여준 세월의 눈금은 어떠한가? 양력을 받아들여, 일주일의 생활 리듬을 체화한 지 벌써 백 년이 훨씬 지났으므로, 로빈슨 크루소의 눈금이야말로 우리가 현재 살고 있는 것이라고 말할 만하지 않은가? 일요일은 기독교뿐 아니라 불교도 성스런 날로 취급하고 있으며, 어느 쪽에도 속하지 않은 모든 장삼이사(張三李四)들에게조차 특별한 날로서 붉게 표기된 날이 아니던가? 그런 맥락을 펼쳐서 지금 우리는 한 해가 거의 끝나가고 있으며, 새해가 오고 있다고 설레거나 혹은 뒤숭숭해 하고 있지 않은가?

하지만 로빈슨 크루소의 세월의 눈금도 우리 것이 아닌 것은 분명하다. 무정형의 시간을 토막 내면서 자신을 찾고, 신과의 관계를 새롭게 정립하던 로빈슨 크루소를 우리 가운데에서 찾을 수 있다고 주장하는 것은 너무나 명백한 억지이기 때문이다. 지금 우리에게 삶을 허락하고 있는 체제는 눈에 보이는 억압자가 폭력을 행사하는 방식으로 운영되고 있지 않다. 그것은 우리 자신이 모든 것을 선택하고, 자기가 원해서 움직이는 것처럼 돌아간다. 그 안에서 우리는 탈진할 때까지 우리의 기력을 쏟아 부어야 생존할 수 있다. 잘못은 모두 우리 탓이므로, 살아남으려면 그야말로 최선을 다해야 한다. 휴일은 방전된 배터리를 최소한으로 충전하는 기간일 뿐이다. 현재의 우리는 로빈슨 크루소처럼 세월의 눈금을 감히 새길 힘이 없다. 미리 정해진 일주일, 한 달, 일년의 눈금 속에서 이리저리 휘둘리면서 우리의 에너지는 뿌리째 빠져 나간다.

이와 같은 자책(自責)과 탈진(脫盡)의 체제에서 벗어나는 방법은 없을까? 우리가 주체적으로 세월의 눈금을 새기고, 생태계의 리듬과 밀접하게 연결되면서 살아가는 일은 과연 무망한 것인가? 분명한 사실은 우리가 스스로 그 체제의 톱니바퀴에서 벗어나고자 할 때 비로소 새로운 시작이 열린다는 점이다. "하면 된다!" "불가능은 없다!"라는 구호를 자신과 주변의 가까운 사람들에게 전달하며 탈진(脫盡) 체제의 전도사 노릇을 하는 일을 멈추는 것, 그게 시작이다. 그리고 우리에게 주어진 시간의 눈금 안에 푹 잠겨 아무 일도 하지 않는 것, 집중이니 몰입이니 '정신일도하사불성(精神一到何事不成)'이니 하는 상투어를 올리지 않는 것, 빈둥빈둥과 게으름의 레지스탕스 운동을 하는 것, 나아가 이런 이들이 모여 달팽이처럼 느릿느릿 움직이며 제 갈 길을 가는 달팽이 공동체를 만드는 것, 이런 일들을 하나씩 실행해 나갈 때, 우리는 비로소 주체적으로 자신의 시간을 온전히 살 수 있게 되지 않을까?

장석만

제**4**부

종교학 이야기

세계종교 패러다임

　그동안 한국에서 이루어진 종교연구는 대체로 종교 전통 별로 이루어진 것이었다고 말할 수 있다. 개신교, 천주교, 불교, 유교, 도교, 혹은 신종교 등의 종교 전통을 기본 단위로 하고, 각 종교 전통에서 어떤 연속성이 유지되었는가, 그리고 어떤 변화가 생겼는가를 살피는 것이 주된 흐름이었다. 이런 경향은 한국의 경우에만 국한된 것이 아니라, 구미 및 일본 등지에서도 마찬가지다. 그런데 종교 전통이 종교 연구의 기본 단위가 된 것은 그리 오래되지 않는다. 19세기 말부터 만들어진 것이기 때문이다. 이른바 세계종교의 패러다임이다. 이 패러다임에서는 각 종교 전통이 그 역사적 배경과 발전과정이 다를 수밖에 없다는 것을 인정하면서도, 그 기저에는 공통되는 점이 있다는 것을 강조한다. "모든 강은 서로 지류를 달리 하지만 결국 같은 바다로 스며든다."라는 말이나 "올라가는 루트는 달라도 정상에 가까울수록 같은 지점으로 만나게 된다."라는 말은 바로 이런 관점을 바탕으로 하고 있다. 따라서 세계종교의 패러다임과 종교 다원주의는 서로 긴밀하게 연관되어 있으며, 근대 종교연구에 하나의 기본이 되고 있다.

　하지만 최근의 연구 가운데 주목할 만한 것은 이런 세계종교의 패러다임과 종교 다원주의의 관점 자체를 분석하고자 하는 시도가 나타나고 있다는 점이다. 이런 시도의 가치는 적지 않다. 왜냐하면 그 패러다임 안에 머물러 있을 경우에는 얻을 수 없는 인식 지평을 열 수 있기 때문이다. 세계종교의 패러다임 안에 머물면서 그 틀의 정당화 작업을 계속하는 대신에 세계종교의 패러다임과 어떻게 다르게 생각할 수 있는지를 비로소 검토해 볼 수 있게 되는 것이다. 이런 관점을 취할 경우에 근대종교를 보는 시각도 기존의 지배적인 관점과 많이 달라질 수밖에 없다. 어떻게 달라지는가?

무엇보다 각 종교 전통으로 종교연구가 이루어질 경우에는 묻지 않고 시작하는 점, 즉 당연하게 생각하는 점을 물으면서 시작할 수 있다. 다시 말하면 기존 관점은 개신교, 천주교, 불교, 유교, 도교 등의 종교 전통이 원래 존재하고 있었고, 단지 한국의 상황 속에서 약간의 변용을 거치는 것일 따름이라는 점을 암암리에 전제하고 있다. 그래서 한국 개신교와 천주교를 연구할 때도 서구의 기독교사를 배경으로 하는 경우가 대부분이다. 하나의 종교 전통을 그대로 상정할 경우에는 변함이 없는 연속성을 전제로 해야 하기 때문이다. 변화를 논하는 것은 바로 이 연속성 아래에서 가능한 일이기 때문이다. 유교와 불교, 도교도 마찬가지다.

그 이전 시대, 그리고 한국 이외의 유교, 도교, 불교와 역사적으로 연결되었다는 점은 의심의 여지가 없다고 생각한다. 하지만 19세기 말에 두드러지게 나타나는 이른바 종교 전통이 사실 새롭게 만들어진 세계종교의 패러다임 안에서 등장한 것이라면 그것을 이전의 유교와 불교, 혹은 개신교와 천주교의 역사와 무작정 연결시키는 것은 무모한 일이 된다. 손쉽게 연속성을 찾으려 하는 대신에 "무엇이 새로운가?" "무엇이 이전과 다른가?"라는 물음이 전면에 부각되어야 할 것이다. 그 경우 개신교, 천주교, 불교, 유교, 도교 등의 종교 전통 단위를 그대로 수용할 것이 아니라, 그것 자체가 먼저 연구되어야 할 대상이 될 것이다. 만일 명칭이 그 이전부터 사용되었다면, 과연 그 의미가 같은 것인지 살펴봐야 할 것이며, 의미론적 변화가 있다면 그것이 무엇인지 검토되어야 할 것이다. 그리고 새로운 명칭이라면 거기에 담겨 있는 역사적 배경과 의미를 찾아내야 할 것이다.

또한 현재의 관점에서 과거의 자료를 재단하는 태도를 근본적으로 문제 삼을 필요가 있다. 예컨대 세계종교의 패러다임을 문제시한다면, 현재 우리가 상식처럼 여기고 있는 '정교분리의 원칙'을 근대 이전 시대에 무작정 적용하는 것은 더 이상 타당하지 않게 될 것이다. 그것은 지금의 관점을 기준으로 삼고, 과거를 재단하는 논리이기 때문이다. 그동안 종교 근본주의 문제를 파악하는 데 혼란스러웠던 것은 이와 같은 현재(現在) 지상주의 탓이 크다. 세계종교 패러다임 자체를 연구 대상으로 삼는다면, 그것이 형성되고 정착되는 과정을 살핌으로써 현재의 지배적인 종교관이 만들어지는 과정을 파악할 수 있기 때문에 그런 함정으로부터 벗어날 수 있는 것이다.

세계종교의 패러다임을 묻는 작업은 세계종교의 구성원인 각 종교 전통이 19세기와 20세기 (혹은 그 이전 시기인 17-18세기도 포함하여)의 격변기에 어떤 방식으로 새롭게 구획되는지 그리고 이전 시대와의 연속성이 어떻게 만들어지는지에 대한 질문을 필연적으로 포함한다. 그것은 바로 각 종교 전통의 아이덴티티 형성 작업을 근본적으로 검토하는 것이다. 각 종교 전통은 어떤 경로로 그런 작업이 필요하다고 여기게 되었고, 어떤 측면을 강조하면서 어떤 방식으로 자신의 주체성을 만들어나가게 되었는가? 그리고 그 과정에서 비(非)종교의 영역과 어떤 상호 관계를 구축해 가는가, 특히 민족주의 및 제국주의와의 관계가 핵심적으로 부각되는 과정과 메카니즘을 분석하게 될 것이다. 물론 종교 사이에 전개되는 상호모방과 견제의 관계도 빼놓을 수 없다. 요컨대, 특정 종교 전통이 새롭게 등장한 이른바 세속 영역과 어떤 관계를 맺는가, 다른 종교 전통에 어떤 태도를 취하는가, 어떤 방식으로 자신의 아이덴티티를 만들어 가는가, 라는 문제가 근대종교 연구에 핵심적인 연구 주제가 되는 것이다.

장석만

한국 종교문화의 서술을 위해 몇 가지 유념하고 싶은 것들

한국 종교문화에 대해 정리된 글을 쓰는 것이 나의 꿈이다. 그러나 나는 그 꿈을 이루지 못하고 있다. 아직 자료도 잘 다듬지 못했고, 이를 논리화하고 해석할 수 있는 이론과 방법도 갖추지 못했다. 그러나 그 꿈을 이루지 못하고 있는 가장 큰 원인은 다음의 두 가지 문제를 풀지 못했기 때문이다. 하나는 '종교'라는 개념이 우리의 종교문화를 서술하고 인식하는 도구로서 적합한 것일까 하는 문제이고, 또 다른 하나는 우리 종교문화를 서술하는 작업이 우리의 역사 안에 있는 여러 종교들을 제각기 서술하고, 그렇게 서술된 종교사를 각 장으로 나누고 다시 종합하여 '한국종교사'라는 이름으로 편집해 내는 것으로 완성되는 것일까 하는 문제이다.

먼저 첫 번째 문제부터 이야기하겠다. 누구나 아는 일이지만 지금 우리가 사용하는 '종교(宗敎)'라는 용어는 개항기 이전에는 없던 단어다. 그것은 외래어이고, 그 말이 만들어진 곳의 특정한 문화현상을 지칭하는 '전문용어(technical term)'다. 그렇다면 'religion(종교)'이라는 개념이 지칭하는 현상은 실은 우리에게 없었던 것이다. 우리의 경험이 개념화된 것이 아니기 때문이다. 만약 우리가 이 용어를 사용하기 시작하던 당대에 이 용어에 대한 진지한 태도를 지닐 수 있었더라면 'religion(종교)'이라는 용어가 지칭하는 현상을 우리의 새로운 인식대상으로 설정하고 그 낯선 문화에 대한 인식을 도모했어야 하며, 그 용어가 우리 문화의 어떤 현상을 서술하는 데 적합할 것인지를 살폈어야 한다. 그러나 religion(종교)이라는 개념이 도입되는 우리의 역사적 경험은 그렇게 진전되지 않았다. 그것이 우리보다 앞선 문화에서 비롯했다는 전이해(前理解) 탓에 그 낯선 개념을 통해 우리의 문화를 서술하는 일을 서두르면서, 마침내 'religion(종교)'은 우리의 문화 서술을 위한 새로운 그리고 규범적인 범주로 자리를 잡았다.

이렇게 이루어진 'religion(종교)'의 수용은 복잡한 문제를 함축하고 있다. 하나는 서로 다른 분류학(taxonomy)의 구조적 충돌이 간과된 채 그중의 하나가 자기 분류학의 체계를 다른 분류학의 체계 위에 과했다고 하는 사실이 지니는 문제이다. 전혀 다른 인식 범주가 우열의 판단을 전제한 채 복합적으로 중첩되면서 우리의 문화 인식에 혼란을 야기한 것이다. 다른 하나는 그러한 수용이 어떻게 비판적 평가를 거의 결여한 채로 이루어질 수 있었는가 하는 문제이다. 이는 강요된 '개방'의 사태와 다르지 않은 힘의 작용이 인식의 차원에서도 그대로 펼쳐졌기 때문에 벌어진 일이라고 할 수 있다. 즉, '강요된 인식에의 추종'인 것이다. 그러나 또 한편으로 'religion(종교)'의 수용은 우리의 전통적인 인식이 지닌 적합성의 한계를 의식하고 새로운 인식 틀을 모색하는 과정에서 긍정적인 자성(自省)의 계기를 마련했던 것으로 묘사할 수도 있다. 이에 이어 당연히 도달하는 다른 하나의 문제는 이러한 역사적 경험이 지금 여기에서 우리의 종교문화를 서술하려는 의도와 만나면서 어떤 문제를 야기하는가 하는 것이다.

이미 위에서 언급했지만 'religion(종교)'은 낯선 개념이다. 따라서 그 용어의 적합성을 우리의 경험 속에서 찾는 것은 어려운 일이다. 그럼에도 불구하고 우리는 이 용어를 이제까지 익히 사용해오고 있다. 그렇다고 하는 사실은 우리의 전통적인 경험 속에 'religion(종교)'으로 개념화해도 좋을 어떤 경험이 분명히 있었는데 다만 새로운 개념적 언어로 다듬어졌을 뿐이라는 것, 그리고 이제는 그 경험을 'religion(종교)'과 일치하는 것으로 전제하면서 소통의 보편성을 위해 religion의 역어인 '종교'를 우리의 경험을 담는 새로운 개념어로 선택하는 것이 아무런 무리가 없다고 하는 것을 암묵적으로 시사하는 것과 다르지 않다.

그러나 여전히 우리가 확인해야 할 것은 'religion(종교)'은 근원적으로 서양의 경험을 개념화한 것이라는 사실이다. 끊임없이 그 함축의 변용을 겪어 왔지만, 그 용어는 기본적으로 '신에 대한 예배(cultus deorum)'라고 말할 수 있는 인간의 어떤 경험을 묘사하고 담기 위한 개념어로 사용되었고, 또 지금도 그렇게 사용하고 있다. 우리는 바로 이러한 'religion(종교)'이라는 개념어를 통해 우리의 종교를 서술하고 이해하려는 노력을 기울여 왔다. 결국 religion이 한국의 종교가 어떤 것인가를 결정하는 판단 준거가 되었을 뿐만 아니라, 아예 religion이 한국의 종교를 만들어낸다고 해도 좋을 상황에 처하게 되었다. 이미 우리의 현실에서 'religion(종교)' 개념의 통용성을 부정하는 것은 현실적이지 않다.

　그렇다면 우리의 물음은 '도대체 우리는 종교에 대한 발언을, 또는 인식을, 도모할 수 있을 것인가?' 하는 문제로 귀착하게 된다. 그런데 그러한 정황에서도 여전히 물음을 묻는다면 그때 등장하는 종교는 이제까지와는 전혀 다른 의미에서의 객체가 된다. Jonathan Smith가 1982년에 그의 책 *Imagining Religion: From Babylon to Jonestown*(University of Chicago Press, p.xi)에서 '종교'란 학자의 상상력, 즉 비교 및 일반화의 작업에 의하여 빚어낸 것이며 학문과 분리해서 독자적으로 존재하는 현상이 아니라고 한 언급은 그러한 사정을 잘 기술하고 있다. 우리는 이 발언을 진지하게 반추할 필요가 있다. 아울러 Tomoko Masuzawa 교수의 *The Invention of World Religions*(University of Chicago Press, 2005)가 이 문제 일반에 대한 적극적인 관심을 펴고 있는 것에 대해서도 언급하고 싶다.

　우리가 이러한 문제를 간과할 수 없다면, 잠정적으로 'religion으로서의 종교'라는 말을 사용하기 시작한 때를 기준으로 그 전후를 나누는 의도적인 실험을 해 볼 수도 있을 것이다. 즉, 우리의 종교사를 서술하면서 'religion(종교) 이전의 종교'와 'religion(종교) 이후의 종교'를 나누어보는 것이다. 그렇게 하면 '종교 이후의 종교' 개념을 '종교 이전의 종교'에 과(誅)함으로써 생기는 혼란을 조심할 수 있을 것이다.

　주목할 것은 '종교'라는 개념어에 관한 문제의 제기가 한국의 종교 연구에만 한한 일이 아니라는 사실이다. 그것은 오늘의 학문 일반이 직면하는, 그래서 종교학도 직면하는, 보편적인 문제이다. 전승된 개념들의 적합성 여부를 성찰하지 않으면 안 된다는 사실은 비단 종교에 한한 문제도 아니고, 이른바 문화의 전수(傳-受) 주체에 따라 어느 편에게만 해당하는 문제도 아니다.

두 번째로, 한국 종교문화 또는 한국종교사 서술을 어떻게 해야 할 것인가 하는 문제를 생각해보겠다. 이제까지 한국종교문화의 역사적 서술은 무속, 또는 이른바 샤머니즘을 기층적인 것으로 전제하고, 이에 이어 불교, 도교, 유교, 그리스도교 등이 차례로 자리를 잡았으며, 이와 더불어 동학이 출현하고 일제 강점기를 거치면서 민족종교라고 할 수 있는 여러 새로운 종교나 종교운동이 등장한 것으로 기술되고 있다.

그런데 이러한 기술은 우리가 이미 '종교 이후의 종교'의 자리에서 우리의 종교사를 조망하고 있다는 것을 드러내준다. 이 자리에서는 개개 종교의 역사를 종합하는 것이 한국종교사의 서술이라고 여긴다. 그런데 이때 유념해야 할 것은 이렇게 각 종교들을 별개의 것으로 서술한 채 단일한 저술로 묶는다고 해서 그것이 한국의 종교사일 수는 없다고 하는 사실이다. 왜냐하면 개개 종교가 각기 책의 장(章)처럼 독립하여 병존하는 것이 실제 종교의 현실은 아니기 때문이다. 주목해야 할 점은 각개 종교의 구조적 중첩과 그 중첩이 낳는 개개 종교의 문화적 변용의 실제가 개개 종교의 기술 안에 수용되지 않고 있다는 사실이다.

당연히 우리는 한국의 개개 종교사를 서술해야 한다. 개개 종교사는 각 종교의 현존을 기술하고 이해하고 판단할 수 있게 해주기 때문이다. 그러나 한국의 종교문화를 기술하려는 의도에서 보면 그것은 그 의도와 일치하는 작업이 아니다. 그러한 개개 종교사의 기술이 그르다고 하는 말이 아니다. 다만 한국 종교문화를 기술하고자 하는 자리에서 보면 그러한 작업은 그 본래의 의도에 상응하는 방법론적 적합성을 확보하지 못한다는 것을 지적하는 것이다. 거칠게 말한다면 개개 종교사의 혼용이 오히려 한국종교문화사의 내용일 수 있다. 그런데 문제는 그러한 혼용에의 접근이 현실적으로 타당한 태도일 수 없다는 전제가 우리의 인식 태도 안에 이미 내장되어 있다는 사실이다. 그것이 다름 아닌 '종교 이후의 종교' 개념이다.

그렇다면 혼용의 문화인 한국의 종교문화를 어떻게 서술할 수 있을 것인가 하는 문제와 부닥친다. 만약 우리가 '종교 이후의 종교'의 자리에서 이를 시도한다면 그것은 불가능 할 것이다. 왜냐하면 '종교(religion)'는 '교의적인 명료성(doctrinal clarity)'을 요청하기 때문이다. 그런데 '종교 이전의 종교'의 자리에서 종교를 이해하면 종교란 그것이 인간의 경험 속에서 얼마나 호소력 있는 해답으로 기능하는가 하는 것으로 드러난다. 이를 잠정적으로 '구원론적 명료성(soteriological clarity)'이라고 말할 수 있다.

부연한다면 교의적 명료성은 종교 간의 접변(acculturation)을 승인하지 않는다. 자기 정체성의 유지가 자기 기능보다 우선하기 때문이다. 그러나 구원론적 명료성은 종교 간의 접변이 낳은 새로운 사태에 더 주목한다. 정체성의 유지보다는 그 정체성을 결과적으로 운위하게 된 삶의 현장이 우선하기 때문이다. 다시 말하면 전자의 자리에서는 개개 종교에 대한 개념적인 나열을 통해 한국의 종교문화가 총체적으로 서술될 수 있다고 판단하고 있는데 반해, 후자의 자리에서는 실제로 그 당대의 그러한 개개 종교의 공존을 살아가는 경험주체들이 어떤 종교적인 삶을 호흡했을까 하는 것을 개개 종교들의 현존을 전제하면서 서술할 수 있어야 그것이 한국의 종교문화에 대한 온전한 기술일 것이라고 판단하고 있는 것이다. 특정 종교들이 제각기 무엇을 발언하고 있는가 하는 것을 서술하는 것이 교의적 명료성을 준거로 한 기술이라고 한다면 사람들이 그 가르침을 통해 무엇을 경험하는가를 서술하는 것이 구원론적 명료성을 준거로 한 기술이라고 할 수 있다.

그래서 만약 종교라는 혼란스러운 개념을 피해 '구원론(soteriology)'이라는 용어를 사용하면 우리의 서술은 더 효율적일 수 있지 않을까 하는 생각을 하게 된다. soter라는 말을 그리스도교의 신학적인 개념인 구세주(saviour)로 이해하지 않고, 문제에 직면한 인간이 이러저러한 일련의 과정을 거쳐 마침내 '존재양태의 변화'를 체험하고 그 체험을 문화화한 현상을 일컫는 것으로 이해한다면 우리는 '종교 이전의 종교'라든지 '종교 이후의 종교'라는 혼란스러운 개념을 사용하지 않아도 경험주체를 준거로 하여 그 일연의 '종교경험'이 표상화된 문화를 서술할 수 있으리라 생각한다.

그렇다면 우리는 종교문화를 서술하는 데서도 그 종교문화라는 것이 무엇을 지칭하는지를 분명하게 제시할 수 있다. 종교문화란 각개 종교가 무엇을 선포하고 있는가를 준거로 한 구원론적 교의(soteriological doctrine)가 표상화된 현상이 아니라, 그로부터 비롯하는 구원론적 풍토(soteriological ethos)가 표상화된 것이라고 이야기 할 수 있는 것이다. 이를 나는 각기 '종교문화의 지형학(topography)', 그리고 '종교문화의 기상학(meteorology)'이라고 부르고 싶다. 다시 말하면 한국의 종교문화는 개개 종교의 지형을 기술하는 데서 끝나는 것이 아니라 이를 넘어 그 지형 때문에 일게 되는 기상의 변화를 기술할 때 비로소 그 시도의 일단이라도 이룰 수 있는 것이 아닌가 하는 생각을 하게 된다. 나는 이러한 문제의식을 가지고 한국종교문화의 지형학이 아니라 기상학을, 즉 '한국의 구원론적 교의의 역사를 편집하는 것이 아니라 구원론적 풍토의 문화와 역사를 기술'해 보고 싶다.

'종교 이전의 종교' 혹은 '종교 이후의 종교'의 개념 대신에 '구원론(soteriology)'이라는 개념어를 선택함으로써 얻는 것은 종교 자체를 어떻게 정의하느냐 하는 것이 아니라 종교를 경험한 그 경험주체의 경험을 어떻게 개념화할 것인가 하는 것이다. 그리고 이러한 문제의 자리바꿈은 나로 하여금 '종교 이후의 종교'나 '종교 이전의 종교'라는 개념이 낳는 혼란을 상당히 극복할 수 있게 해주었다. 그러한 작업을 통해 각 종교의 개개 역사와 문화를 기록하는 것을 넘어 그 종교들이 빚는 풍토를 모색하고 기술함으로서 우리의 전통적인 종교경험과 현존하는 종교의식(意識)을 이제까지와는 상당히 다르게 다듬을 수 있었다고 생각한다.

나는 우리가 지금 여기에서 추적할 수 있는 한국의 역사-문화에 담긴 처음의 종교경험(soteriology)을 '하늘-경험'과 '힘-지향'이라는 개념으로 다듬을 수 있으리라고 판단하고 기존의 무속적 기층종교문화 담론을 지지한 현상들을 그렇게 기술해 보았다. 무속적인 현상이라고 기술되는 어떤 현상이 자기를 드러내는 것을 그렇게 개념화한 것이 아니라 그렇게 드러나는 현상을 그 나름으로 경험한 경험주체들의 경험내용을 개념화한 것이다. 그러한 자취를 좇아 우리 문화-역사 안에 현존하는 종교들을 정리한다면 다음과 같은 시론(試論)으로 제시할 수 있다.

불교는 '신비스러운 것이라고 할 수 있을 이야기(mythos)'를, 도교는 '우주적인 질서라고 할 수 있을 자연(natura)'을, 유교는 '합리적 이성이라고 할 수 있을 원리(logos)'를, 그리스도교는 '잠재된 신의 이미지를 드러난 실재이게 한 것이라고 할 수 있을 신적인 존재(deus)'를 '하늘-경험'과 '힘-지향' 위에 첨가하면서 그 나름의 독특한 문화를 일구고 있는 것이 한국의 종교문화라고 생각해 보았다. 한국인들은 그런 중첩된 정서(기상도)를 살면서 스스로의 구원론을 각 종교의 이름으로 (지형도)살고 있는 것이고, 그 삶을 기술하는 것이 한국종교문화사를 다듬는 일이라고 생각하고 싶은 것이다.

동학 이후의 다양한 민족종교의 발흥은 어쩌면 현대적(정치-경제-문화적) 구원의 실현을 의도한 것으로 보아 이미, 중첩된 종교문화의 층위에 또 다른 '구원자(soter)'를 첨가한 현상이라고 말할 수도 있을 것이다. 최종성 교수가 그의 저서 『동학의 테오프락시: 초기동학 및 후기동학의 사상과 의례』(민속원, 2009)에서 동학을 '신 경험의 의례화(theopraxy)' 또는 '사라진 게으른 신(deus otiosus)' 개념에 대칭되는 '현존하는 일하는 신(deus industrius)'으로 묘사하였음은 유념할 필요가 있다.

역사나 문화를 기술한다는 것이 단순한 일이 아니다. 그런데 우리는 이 일을 우리가 설정한 서술 범주나 우리가 마련한 개념이 아니라 다른 사람들의 경험과 기억과 인식에 의하여 준비된 범주와 개념을 가지고 그 적합성 여부에 따라 우리의 현상이 만들어지는 그러한 상황 안에 있었다.

특수성에 의해서 보편성을 간과하는 것은 유치한 나르시시즘이다. 그러나 그렇다고 해서 이미 이루어진 보편성이라는 권위에 의하여 특수성을 유실당하면서도 이를 주목하지 않는다면, 그것은 자아의 상실과 다르지 않다. 지금 우리는 그러한 계기에서 우리의 문화와 역사를 다시 살피려는 격한 고민을 하고 있다.

정진홍

* 이 글은 서강대 종교연구소 국제학술대회(2011.5.20-21)의 기조강연을 요약한 글이다.

엘리아데, 스미스, 링컨

    제2차 세계대전 이후에 종교학이라는 모호한 학문을 새로운 형태로 재탄생시킨 학자가 미르체아 엘리아데(Mircea Eliade, 1907-1986)였다면, 20세기 후반에 종교학계에서 가장 많은 주목을 받은 학자는 단연 조너선 스미스(Jonathan Z. Smith, 1938-2017)였다. 특히 사후에 엘리아데는 젊은 시절의 파시즘 활동과 관련하여 미국 종교학계에서 혹독한 정치적, 학문적 비판을 받았다. 엘리아데를 두고 '파시스트'이자 '반유대주의자'라고 조롱하는 것은 일종의 학문적 유행이었다. 엘리아데의 저술에 대한 정치적인 독서는 엘리아데의 모든 저술 속에 녹아들어 있는 파시즘적 사유를 추적하는 것으로 귀결되었다. 그리고 파시즘이라는 단어는 모든 학문적, 이론적 사유 능력을 마비시키는 주문처럼 작동했다. 누가 파시즘이라는 단어가 환기시키는 죽음과 살육의 향기에 저항할 수 있겠는가?

    그러나 엘리아데 비판자의 면면을 살펴볼 때 우리는 가끔씩 놀라지 않을 수 없다. 예컨대 엘리아데 사후에 엘리아데의 반유대주의, 반역사주의, 파시즘 활동 등을 비판하는 데 앞장 섰던 애드리아나 버거(Adriana Berger)는 원래 엘리아데와 상당히 가까웠던 인물이다. 엘리아데가 쓴 1983년 11월 19일자 일기에는 "애드리아나 버거의 전화 (그녀는 올 여름부터 로스앤젤레스에 머무르고 있었다). 우리가 비용을 대서 1984년 1월부터 4월 1일까지 이곳에 와 머물도록 그녀를 초청했다. 그녀는 나의 서재를 정리하는 일을 도와줄 것이다."라고 적혀 있다. 엘리아데의 일기 곳곳에서 버거는 엘리아데의 연구실과 원고를 정리하는 일을 도와주는 조수 역할을 맡고 있다. 그러던 그녀가 왜 몇 년 뒤에는 '엘리아데 저격수'로 변신한 걸까? 정확한 사정을 짐작하기는 어렵지만, 엘리아데에 대한 정치적인 공격의 이면에는 우리가 짐작하기 어려운 사적인 인간 관계의 문제까지도 도사리고 있을 것이다. 그것은 자기가 존경했던 학자에 대한 인간적인 배신감이었을 수도 있고, 학문적인 실망감이었을 수도 있고, 개인적인 내밀한 질투의 감정이었을 수도 있다. 그래서 우리는 애드리아나 버거는 왜 자기가 비판했던 학자의 서재를 정리했던 것일까라는 질문을 던질 수밖에 없는 것이다.

하지만 더 이상 사람들이 엘리아데의 '위험한 저작'을 숙독하지 않는 분위기 속에서도, 이제는 비판을 위해서만 엘리아데를 인용하는 상황 속에서도, 꾸준히 엘리아데의 저술을 한 줄 한 줄 진지하게 비판했던 학자가 바로 조너선 스미스였다. 스미스는 유대인이지만 결코 엘리아데를 정치적인 관점에서 비판하지 않았다. 스미스의 연구는 처음부터 엘리아데의 저술에 대한 비판적 해석에서 출발했고, 끊임없이 그의 독자들이 엘리아데를 다시 제대로 읽을 것을 주문했다. 스미스는 엘리아데에 대한 피상적인 비판을 결코 되풀이하지 않았으며, 오로지 학문적 담론의 차원에서 엘리아데의 사유를 넘어서고자 했다. 적어도 엘리아데가 현재에도 다시 읽힐 수 있다면, 그것은 상당 부분

스미스의 기여 때문일 것이다. 미르체아 엘리아데라는 신화는 이처럼 위태롭게 조너선 스미스라는 의례를 통해서 재생되고 있다.

1965년에 노트르담에서 열리는 학회에 참석하기 위해 자동차를 운전하던 27살의 대학원생 조너선 스미스는 시카고에서 차를 멈추고 공중전화 박스로 달려간다. 그는 미르체아 엘리아데라는 저명한 종교학자에게 전화를 걸어 만남을 요청하기 위해 몇 시간 동안이나 공중전화 박스에 앉아 주저한다. 그러나 그는 결국 대학자에게 말을 건넬 용기를 내지 못한 채 돌아서고 만다. 그들의 첫 번째 만남은 이렇게 해서 2년 반 후로 연기된다.

이듬해 조너선 스미스는 샌타바버라에 있는 캘리포니아 주립대학의 종교학과 교수가 된다. 그리고 마침내 방문교수로 샌타바버라로 온 엘리아데를 1968년 2월 14일 저녁에 처음 만나 종교학과 문학에 대해 여러 시간 동안 대화를 나누게 된다. 스미스는 엘리아데가 있던 시카고 대학으로 자리를 옮기기 위해 막 인터뷰를 마치고 온 참이었다. 스미스는 엘리아데에 대한 첫인상을 묘사하면서 "호기심에 가득 찬, 학식 있고 재미있는, 점잖은 거인이자, 활기찬 잡담꾼이자, 진기한 이야기의 대가"였다고 말한다. 이때의 만남 이후에 스미스는 시카고 대학으로 자리를 옮겨 엘리아데의 학문적 활동 영역 속으로 깊숙이 들어간다. 그러므로 스미스와 엘리아데는 1968년부터 엘리아데가 죽은 1986년까지 같은 대학에서 계속해서 교류를 한 셈이다. 스미스는 엘리아데와의 교류를 "내 인생의 가장 큰 선물 가운데 하나"였다고 이야기한다.

그런데 1971년 2월 12일에 노트르담에서 열린 엘리아데의 저작에 대한 심포지엄에서, 조너선 스미스는 엘리아데가 참석한 가운데 「흔들리는 중심축」("The Wobbling Pivot")이라는 다소 상징적인 제목의 글로 '종교학의 중심'인 엘리아데를 흔들기 시작한다. 그러나 여전히 그는 다음과 같은 말을 덧붙이고 있다.

> 이러한 [몇 가지 비판적인 이야기를] 하면서, 나는 거인의 어깨 위에 올라탄 난쟁이의 자세를 취하고 있긴 하지만, 연이어 거인보다 더 멀리 보았다고 주장할 수는 없다는 것을 절실히 느끼고 있습니다…. 우리의 경우 거인은 우리 모두에게 무엇을 어떻게 보아야 할지를 가르쳐주었습니다. 그리고 훨씬 중요한 말이지만, 그는 우리가 이미 보는 법을 배웠던 사물을 어떻게 이해할 것인지를 가르쳐주었습니다…. 그의 학생인 우리가 할 일은 그저 우리의 주변적인 시각에서 생겨나는 물음, 흐릿함, 그늘을 제시하는 것뿐입니다.
> - 스미스, 『지도는 땅이 아니다』, 「흔들리는 중심축」

1971년부터 1976년까지 엘리아데의 지도를 받아 박사학위 논문을 썼고, 이제는 시카고 대학에서 종교학을 가르치고 있는 브루스 링컨(Bruce Lincoln, 1948-)은 최근 출간한 『신과 악마, 사제와 학자』(*Gods and Demons, Priests and Scholars*, 2012)라는 흥미로운 책에서 엘리아데와 스미스에 대한 자신의 추억 하나를 풀어 놓고 있다. 대학원 과정을 막 시작한 브루스 링컨은 1971년 가을에 조너선 스미스의 '종교학 입문' 강의를 듣고 있었다. 당시 스미스는 엘리아데와 개인적이며 지적인 투쟁을 벌이고 있었다. 링컨은 아직 엘리아데를 만난 적이 없었다.

링컨에 의하면, 어느날 스미스가 낙담과 흥분으로 몸을 부들부들 떨면서 강의 시간에 늦었다. 스미스는 강의에 늦은 이유를 다음과 같이 설명했다. 스미스는 '질서와 무질서 가운데 어느 것이 먼저였는가'에 관해 엘리아데와 한참 논쟁을 하고 있었다. 엘리아데는 질서가 먼저라고 주장했고, 스미스는 무질서가 먼저라고 주장했다. 스미스는 이렇게 말했다. "그는 무질서란 선행하는 질서에 대한 대립 속에서만 존재할 수 있다고 주장했고, 나는 그것을 인정할 수밖에 없었습니다. 그것은 교활한 논쟁가의 주장일 뿐일지도 모르지만, 나는 그것을 진지하게 생각할 필요가 있습니다. 그래서 나는 질서가 먼저였다는 것을 받아들일 준비는 되었습니다. 그러나 질서는 단지 0.5초 빨랐을 뿐입니다. 그 후로는 항상 무질서만 있었다고 주장하렵니다."

스미스의 이러한 말은 그가 엘리아데를 극복해 나간 방식을 상징적으로 보여준다. 엘리아데는 종교를 '질서의 타락 과정'으로, 스미스는 종교를 '무질서의 재구성'으로 보았기 때문이다. 엘리아데와 스미스의 이러한 입장차에 대해 브루스 링컨은 둘 다 틀린 것 같다고 말한다. 링컨은 질서와 무질서는 '정치학'이나 '힘'의 탄생 이후에 만들어진 쌍둥이 같은 것이라고 말한다. 다시 말해서, 링컨은 질서와 무질서란 모두 힘의 논리에 의해 만들어진 것이며, 우리가 주목해야 하는 것은 질서는 좋은 것이고, 무질서는 나쁜 것이라고 주장하는 정치적·도덕적 위계질서라고 주장한다. 아마도 링컨의 이러한 주장이 엘리아데와 스미스 이후의 종교학을 지배하는 가장 지배적인 입장일 것이다.

링컨은 『신화 이론화하기』(*Theorizing Myth*, 1999)라는 책에서 엘리아데 저작의 결점이 자신에게 매우 아픈 고통과 슬픔을 준다고 고백한다. 엘리아데는 링컨이 유대인이자 마르크스주의적 성향을 지니고 있다는 것을 잘 알고 있었지만, 둘의 관계는 호의와 우정으로 지속되었다. 그래서 자신의 경험으로는 엘리아데가 과거에 반유대주의자였다는 것을 절대 믿을 수가 없다는 것이다. 이처럼 링컨은 개인적인 관계와 학문적인 판단 사이에서 고통스러워 한다. 그런데 링컨은 엘리아데가 그의 『일기』와 『자서전』에서 스미스라는 뛰어난 학자와 얽힌 개인사에 대해 거의 이야기하지 않는다는 점에 주목한다. 그 둘의 관계가 스미스의 일방적인 짝사랑일지도 모른다는 소리처럼 들린다. 엘리아데가 스미스를 어떻게 생각했는지는 우리가 알 수 없다.

엘리아데가 세계사의 거대한 흐름 속에서 파시즘과 연루되어 비판받고 있다는 것은 참으로 역설적이다. 개인사 속에서 엘리아데는 일정 기간 역사적이고 정치적인 인물이었다. 그러나 어느 순간 그의 저작은 철저히 비역사적이며 비정치적인 방향으로 전회했다. 그리고 제2차 세계대전 이후에 '역사'를 포기하면서, 엘리아데는 비로소 종교학자가 된다. 우리는 그의 종교학이 역사를 포기한 대가였다는 것에 주목할 필요가 있다.

이창익

감각의 종교학

　언제부턴지는 모르나 필자는 한국 종교학계가 사변적 담론의 장으로 점철되어 가는 것에 대하여 불편한 마음을 가지게 되었다. 텍스트를 기반으로 종교 관련 개념, 이론, 교리 등에 대하여 지속적인 담론을 생산하면서 머리만 커져 버린 기이한 형태의 종교학을 떠올리는 것은 단지 필자의 기발한 상상력 때문은 아닐 것이다. 섹슈얼리티와 종교(경험)의 관계를 주제로 하는 학술대회에서조차도 이 둘을 이어주는 일차적인 우리의 몸과 그 생생한 감각들은 잊고 형이상학적 논의와 개념들만 난무한 것을 보면서 학자들은 모두 관음증적 성향을 지닌 것은 아닌가 하는 불순한 생각조차 들었다. 이러한 종교학계의 모습은 학문 밖의 세계에서 사람들이 웃고, 울고, 뒹굴고, 혹은 스스로 고통을 주며 다양한 방식으로 자신들의 종교체험에 집중하는 것과는 극렬한 대비를 이룬다. 한편 이미지가 소통, 자기표현, 그리고 자신과 세계에 대한 인식과정에 그 어느 때보다도 강력한 힘을 발휘하는 미디어의 시대에 한국 종교학계는 동시대의 이러한 근본적인 문화적 변화를 하나의 방법론적 도전으로 진지하게 고민하지 않은 것 같다.

　여기서 던져지는 질문은 종교학자들이 종교를 하나의 사유체계로 상정하고 그 구조와 본질을 논하면서 형이상학적 담론을 생산하는 가운데, 오히려 종교가 작동하는 데 필수적인 체화된 경험이나 느낌, 그리고 이를 가능케 하는 매체(medium)로서 몸, 감각, 이미지 등은 논의에서 간과되고 있는 것은 아닌가하는 점이다. 필자가 이러한 방법론적 고민으로 출구를 찾고 있을 때 우연찮게 발견한 것은 이미 서구 학계에서는 텍스트 중심의 종교학에 대한 반작용으로 뚜렷한 움직임이 일어나고 있으며, 그 영향력을 넓혀 가고 있다는 것이다. 이러한 변화는 인문학의 패러다임이 20세기의-(의식이 아닌) 언어가 실재를 구축/구성한다는-언어학적 전환(linguistic turn)에서 21세기에는 도상적 전환(iconic/pictural turn) 혹은 매체적 전환(medial turn)으로 바뀌고 있다는 인식과도 맥을 같이한다고 할 수 있다. 여기서는 서구 종교학계의 근래의 대표적인 두 움직임으로 'Religionsästhetik(종교미학)'과 'Material Religion(물적 종교)'을 간략하게 소개하고자 한다.

'종교미학'은 독일 뮌스터 대학을 중심으로 그 논의가 시작되어 지난 20년 동안 독일어권 종교학에서 하나의 연구 영역을 지칭하는 용어가 되었다. 기존의 미학이 철학과 예술사 분야에서 (예술작품과 연계하여) 아름다움 혹은 해당 개념에 대한 철학적 담론이 주를 이루었다면, 최근 미학은 아리스토텔레스의 aisthesis에 대한 논의--즉 지식의 생산과정에서 지각(perception)의 역할을 강조--를 이론적 출발점으로 문화연구 전반에 있어 하나의 새로운 접근 방식으로 정립되고 있다. 이런 맥락에서 '종교미학'이란 종교를 제 개념이나 사상의 특별한 조합이나 사회적 제도로 상정하기보다 구체적인 사회문화적 맥락에서 종교적 상징, 사인(sign), 몸짓, 실천 등이 생산, 매개, 수용되는 양상을 분석하고자 하며, 여기서 감각적, 육체적 차원에 대한 고찰은 매우 중요하게 간주된다. 이런 의미에서 종교미학은 현재까지 텍스트, 도그마, 인식(cognition)에 집중된 종교에 대한 시각을 좀 더 넓히고 첨예화한다고 할 수 있다.

여기서 흥미로운 것은 '종교미학'이 미국 종교학계에서 모르간 (David Morgan)을 중심으로 여러 학문분과의 연구자들이 합류하면서 2000년대 중반부터 'Material Religion' 혹은 'Visual Religion'을 표방하는 학계의 움직임과 여러 면에서 일맥상통한다는 것이다. 후자는 종교학이 그동안 주로 텍스트와 개념 연구에 매진하면서 그 한계를 보여준다고 지적하고, 종교적 의미와 경험이 생성되는 데 물적 기반 또는 물적 문화(material culture)–이미지, 의례 · 예배 용품, 건축, 성소, 예술품이나 일반 공예품 등--의 중요성을 강조한다. 즉 종교가 추종자의 삶과 해당 사회에서 어떻게 작동하는가를 정확하게 이해하기 위해서는 텍스트 연구와 함께 공간, 이미지, 종교적 물품 등을 사용하는 다양한 실천행위에 관한 연구가 같이 이루어져야 한다는 것이다. 따라서 이들 학자의 관심사는 사람들이 종교적 대상이나 장소와 어떠한 신체적 · 감각적 상호작용을 하면서 종교가 실제로 작동하는가를 파악하는 것이다. 이는 종교가 언설이나 이성만으로 행할 수 있는 것이 아니라, 몸 그리고 몸이 위치하는 공간과 함께 행하는 것이며, 따라서 종교는 궁극적으로–걷는 것, 먹는 것, 명상하는 것, 순례하는 것, 의례를 수행하는 것 등의–감각적 작용에 관한 것이라고 주장한다.

종교에 접근하는 방식은 학자들의 관심사에 따라 매우 다양하며, 그 나름 다 의미 있는 학문적 여정임은 분명하다. 그러나 사유체계나 형이상학적 담론의 대상으로 축소하기에는 종교는–적어도 필자의 관찰에 의하면–현란한 색채를 뽐내며, 눈물과 땀이 흐르고 탄식과 외침이 울리는 너무나도 감각적인 세계를 우리 앞에 펼쳐 보인다. 필자는 이러한 오감이 모두 깨어 있는 종교의 살아 있는 세계를 탐구하고자 하며 이는 감각의 종교학을 향한 첫걸음이 될 것이다.

우혜란

종교를 과학적으로 설명한다는 것

　국제인지종교학회(International Association for the Cognitive Science of Religion)는 2014년 6월 20일부터 3일간 체코의 브르노(Brno)에서 정기학술회의를 개최했다. 주제는 '종교는 설명되었는가? 인지종교학 25년(Religion Explained? The Cognitive Science of Religion after 25 Years)'이었다. 이 주제는 E. 토머스 로슨과 로버트 맥컬리의 『종교 다시 생각하기: 인지와 문화의 연결』(Rethinking Religion: Connecting the Cognition and Culture)이 출판된 1990년을 인지종교학의 비공식적인 시발점으로 간주하면서, 약 25년간의 주요 성과를 검토하고 향후 전망을 논의하기 위해 마련된 것이다.

　인지종교학은 종교에 대해 과학적인 설명을 추구하는 비교적 새로운 연구 흐름으로서, 이른바 '자연주의적 접근'을 표방한다. 이때 '자연주의'란 반-초자연주의와 물질주의(materialism)를 의미한다. 바로 이 점에서 인지종교학은 종교에 대한 학술적 접근의 오랜 관성과 결별한다. 오랫동안 종교연구는 주로 반환원주의 혹은 현상학적 판단중지를 바탕으로 한 문헌학적, 해석학적, 사회학적, 역사학적인 탐구 등으로 수렴되어 왔다. 이와 대조적으로, 인지종교학은 최근 진화심리학과 인지과학의 진전과 더불어 눈에 띄게 증가하는 종교에 대한 자연과학적 담론과 맥락을 같이 한다. 물론 그러한 담론들 속에도 상이한 관점과 접근이 혼재되어 있는 것이 사실이다. 가령, '집단선택과 관련된 생물학적 적응론', '신 유전자(God-gene) 및 신 모듈(God-module) 가설', '신경과학적 병변론(病變論)', '유전자-문화 공진화론', '종교 및 이론', '인지적 부산물 이론' 등이 그것이다.

현재까지 인지종교학의 기본 입장은 주로 인지적 부산물 이론을 바탕으로 한다. 그 기본 입장을 요약하면, "종교적 표상들이 발생, 전수, 분포되는 과정과 양상은 종교만을 위해 진화된 특수한 인지체계나 뇌의 병리적 상태를 가정하지 않고도 설명될 수 있으며, 보통의 정상적인 인지작용들을 통해 해명될 수 있다"는 것이다. 이런 입장의 연구 성과들이 과학적으로 유의미하려면, 여타의 과학적 이론과 발견에 비추어 모순되지 않으면서, 복수의 문제들을 설명할 수 있고, 예시나 실험적 수준의 증거들을 통해 반복적으로 입증되거나 반증될 수 있어야 할 것이며, 나아가 이를 통해 기존의 지식을 보완할 수 있어야 할 것이다.

인지종교학에 대한 학계의 평가가 모두 호의적인 것은 아니다. 우려와 불쾌감을 표시하면서 '과학주의적 환원론'이라는 비판의 채찍을 가하는 경우도 적지 않다. 그럼에도 불구하고 인지종교학이 추구하는 과학적 설명은 동시대 종교학자들이 주목할 만한 몇 가지 시사점을 제공한다는 사실은 부정할 수 없다.

첫째, 인지종교학은 종교 자체가 아니라 종교적인 것으로 간주되는 인간의 생각과 행동을 설명의 대상으로 삼음으로써, 종교라는 개념의 정의에 얽매이지 않고도 인간의 종교적 삶을 논의할 수 있다는 것을 보여준다. 종교가 근대의 지적 전통이 만들어낸 개념적 범주라는 반성적 인식은 전통적인 종교학에서 이미 충분히 전개되어 왔으며, 인지종교학에서도 이를 적극 수용한다. 이때 종교연구의 목표는 종교를 넘어 궁극적으로 인간을 이해하는 것이다. 그런 맥락에서 인지종교학은 인간이 뇌와 심장과 몸을 가진 존재의 생물학적 한계 안에서 생각하고 행동한다는 사실을 종교와 관련해서도 기꺼이 승인한다.

둘째, 인지종교학은 과학적 언어를 통해 비교의 한계를 넘어서는 일반화의 가능성을 시험한다. 종교학에서 비교는 오랫동안 중요한 연구방법으로 간주되어 왔지만, '비교에는 주술이 살고 있다'라는 표현이 나올 정도로 뼈아픈 반성을 요청하는 화두이기도 했다. 일찍이 에드먼드 리치는 『인류학 재고』(Rethinking Anthropology)에서 대상의 비교는 분류를 생산할 뿐 과학적인 일반화를 낳지 못한다고 비판하면서, 문화에 대해서도 수학과 같은 일반적 틀을 지닌 접근이 요청된다고 주장한 바 있다. 과학적 틀을 추구하는 인지종교학의 시도는 '비교'의 덫에 갇힌 종교연구에 일반화라는 탈출구를 보여준다.

셋째, 인지종교학은 인간과 인간 현상에 대한 자연과학적 지식과 인문학적 지식의 광범위한 연계를 추구한다. 최근 인지종교학 진영에서 활동하는 종교학자 앤 테이브스는 『다시 숙고하는 종교경험』(Religious Experience Reconsidered)이라는 책에서 종교경험에 대한 지금까지의 논의들이 인간의 경험 자체에 대한 과학적 발견에 의해 재고되어야 한다는 주장을 펼쳤다. 종교경험을 설명하고 이해하기 위해서는 그것이 경험이라는 인간 현상의 일종이라는 것을 승인할 필요가 있다. 그렇다면, 종교경험에 대한 진전된 논의를 위해 경험 자체의 인지적 과정에 대한 폭넓고도 일반적인 과학적 지식이 함께 검토되어야 한다는 것 또한 인정할 수 있어야 할 것이다.

인지종교학이라는 기획은 종교를 과학적으로 설명하는 하나의 완전한 체계를 추구하는 것과는 거리가 멀다. 오히려 인지종교학은 종교를 한 방에 설명해 내는 '마법탄환'과 같은 단일한 설명체계는 존재할 수 없다고 본다. 그래서 인지종교학은 종교적 교리, 실천, 조직 등에 대한 전문적인 지식만이 아니라 인간 자체에 대한 폭넓은 과학적 지식을 검토할 것을 주장한다. 그런데 이러한 인식에 기초한 연구는 연구자들에게 많은 노력을 요구하는 것이 사실이다. 부담스럽긴 해도 이러한 연구의 흐름에 대해 언제까지나 눈감고 있을 수만은 없다. 인간의 종교적 삶을 과학적으로 설명하고자 하는 노력은 단지 곧 지나가버릴 지적 유행이라고 간주하기에는 그것의 적합성이 너무도 크고 광범위하게 느껴지기 때문이다.

구형찬

'불교'와 '부디즘'

    불교의 영어 표현으로서의 '부디즘(Buddhism)'은 '부처라는 인물의 가르침을 중심으로 형성된 방대한 사회적, 문화적 현상'의 지시어이다. 그것은 비교적 최근의 발명품(invention)으로, 18세기 세속적 학문의 영역 아래 종교를 포괄하고자 했던 계몽주의 사상가들의 열망으로부터 나온 합작품이라 할 수 있다. '부디즘'으로서 불교를 통칭하게 되는 것은 19세기 초반에 이르러서이지만, 그 시점이 정확히 언제부터인지에 대해서는 조금씩 의견이 다르다.

    조너선 스미스(J. Smith)는 학명(學名)으로서 '불교(Buddhism)'의 발명을 1821년으로 본다. 그에 따르면 유럽에 의해 동양의 종교들이 차례로 명명되는데, 불교는 1821년에, '힌두이즘(Hindooism)'은 1829년에, '타오이즘(Taouism)'은 1839년, '컨퓨셔니즘(Confucianism)'은 1862년에 사용되기 시작했다. 그러나 도날드 로페즈(D. Lopez)는 1801년을 '부디즘' 사용의 원년으로 삼는다. 그는 『옥스포드 영어사전』에 따르면, 1801년 불교는 'Buddhism'이 아니라 그 고형(古形)이라 할 'Boudhism'으로 표기되었으며, 1816년에 이르러 비로소 오늘날과 같은 'Buddhism'이라는 명확한 형태로 사용되었다고 한다.

    19세기 이전 서구 유럽에서는 인도에서 시작하여 아시아 전역으로 전파된 단일 전통으로서의 불교연구가 아직 시작되지 않았다. 서구에서 불교연구에 일정한 성과를 낼 수 있게 된 것은 1844년 위젠느 뷔르누프(E. Burnouf)가 『인도불교사입문』(Introduction-l'histoire du bouddhisme indien)을 출간하고, 불교가 사실상 '하나의 단일한 전통'이라는 사실을 주장한 이후부터였다. 그는 동아시아, 티벳, 인도, 스리랑카, 동남아시아에서 유럽의 탐험가와 무역상들이 만났던 일련의 유사한 종교 형태들의 뿌리가 인도에 있는 하나의 전통에서 뻗어나간 것이라는 결론에 이르렀다. 따라서 여러 나라로 흩어져 있던 불교를 기독교나 이슬람과 같은 하나의 종교(a single religion)로 파악하고자 했다. 기독교가 개신교, 가톨릭, 동방정교회 등으로 존재하는 것과 마찬가지로 불교도 지역별 다양한 형태를 지닌 것으로 인식한 것이다. 이러한 뷔르누프의 발견 이후, 서구의 학자들은 불교의 공통분모의 핵심에 해당하는 그 본질적 특징을 묘사하려 노력했다.

서구의 불교연구는 산스크리트, 팔리어, 티벳어의 해독과 더불어 불교 원전에 대한 문헌학적 연구를 중심으로 성과를 축적해 나갔다. 영국, 프랑스, 독일, 러시아 등을 망라한 다국적 협력의 결과라고 할 만큼, 여러 국가의 학자들을 중심으로 '근대불교학'이라는 새로운 학문 분과의 업적을 이루어 냈다.

그런데 여기에 근본적 문제가 있었다. 연구 당시인 19세기 인도에는 이미 그 연구대상인 불교가 사라지고 없었기 때문이다. 따라서 이때 연구되고 묘사된 인도불교란 결국 고대의 문헌들과 학자들의 상상력을 통해 재구성된 것으로서, '책상 위의 불교', '책상 위의 상상력'이라는 평가를 받게 된다. 이른바 서구 근대불교학의 오리엔탈리즘적 성격에 대한 비판이 제기된 것이다.

사이드(E. Said)의 오리엔탈리즘에 대한 문제제기 이후, 유럽의 불교연구도 식민지주의와 오리엔탈리즘의 사상적 지배하에 있었다는 비판을 받게 되었다. 필립 알몬드(P. Almond)의 『영국의 불교 발견』 (British Discovery of Buddhism, 1988)은 이런 맥락에서 이루어진 최초의 반성적인 불교학 연구사이다. 그는 영국 빅토리아 시대에 불교는 이국적 취향과 호기심의 대상으로, 불교의 역사적 전통과 상관없는 하나의 실체로서 존재했을 뿐이라고 지적한다. 19세기 서구에서 불교에 대한 상상적인 창안이 이루어졌고, 이 창안은 동양문화의 특정 부분을 한계 짓고 분류함으로써 만들어졌다는 것이다. 이와 같은 견해에 동조하면서 많은 연구자들이 기존의 연구를 비판적으로 재평가하려고 하는 움직임이 나타났으며, 그 성과는 도날드 로페즈(D. Lopez)가 편집한 『붓다의 박물관』(Curators of the Buddha, 1995)에 집대성되었다.

그렇다면 오리엔탈리즘에 의해 만들어진 불교의 내용은 무엇일까? 무엇보다 불교의 창시자인 붓다와 초기 불교에 관심이 집중되었다는 특징이 있다. 붓다는 기독교의 '역사적 예수(historical Jesus)'와 유사한 맥락에서 역사적 실존인물로서의 측면이 강조되었다. 붓다는 신화적·종교적 숭배 대상이라기보다 철학적·윤리적 신사(gentleman)의 이미지로 묘사되었다. '신사로서의 붓다' 이미지는 빅토리아시대 이상적 인간형의 투사이기도 했다. 또한 붓다 자신에 의한 가르침이 '근본불교(original Buddhism)', '원시불교(primitive Buddhism)', '순수불교

(pure Buddhism)'라는 새로운 분류체계로 호명되면서, 그것은 대승불교보다 더 가치 있는 가르침으로 평가되기도 했다.

이처럼 서구불교학의 고전적 문헌연구에 의해 탄생한 불교는 의례(ritual)나 주술, 실천과는 거리가 먼, 이성과 절제에 기반을 둔 철학적 · 심리학적 사상 체계였다. 그것은 서양의 동양에 대한 오리엔탈리즘적 투사에 의해 만들어진 것으로, '책상 위의 불교', '도서관 안의 불교'라는 비판으로부터 자유로울 수 없었다. 그것은 지나치게 '이상화'된 불교로서, 동양의 불교전통에서 실제 행해지는 불교신앙은 그것과 대비하여 무언가 결여되고 낙후한 것으로 생각하게 했다. 이러한 오리엔탈리즘적 불교 이해가 근대 동양사회에 어떤 영향을 미쳤는지, 불교에 대한 어떤 새로운 인식과 평가를 초래하였는지 구체적 역사적 사실을 통해 규명하는 것이 중요한 이유가 여기에 있다.

송현주

중국 고대 무(巫) 자료를 살피면서

　조선시대 실록 같은 문헌자료에는 유학자나 관료들이 무(巫)를 비난하는 목소리가 크게 울린다. 중국 고대 문헌자료를 보아도 무가 경외와 존경의 대상이기보다는 비웃음과 힐난의 상대로 취급되었던 흔적이 발견된다. 이런 현상은 이미 선진 시기부터 나타난다. 춘추전국시대에 활약했던 저명한 제자백가들만 해도 무에 대해 비판적인 태도를 취하였다. 노선에 따른 비판 방식의 차이는 있을지라도 무를 경시하는 모습은 거의 공통적이라 할 수 있다. 이는 마치 성인(聖人)이 유가를 포함하여 모든 제자백가들이 지향하였던 이상적 인물상이었지만, 단지 성인을 이해하는 방식에서 차이를 드러냈던 것과 유사하다.

　『장자』에는 열자(列子)가 계함(季咸)이라는 무의 신통력에 일시적으로 흠뻑 빠지게 된 이야기가 실려 있다. 계함은 사람들의 생사와 화복을 기가 막히게 맞추는 능력이 있어서 누구든지 그를 보면 두려워 피할 정도였다. 열자도 그의 능력에 반한 나머지 자기 스승인 호자(壺子)보다 더 높게 평가하기에 이른다. 이런 제자의 반응을 접한 호자는 계함을 자기한테 데려오라고 명한다. 호자는 계함과 네 번에 걸쳐 만난다. 만날 때마다 계함은 호자의 진짜 모습을 온전히 파악하지 못하는 미숙함을 드러낸다. 결국 호자와의 대결에서 패한 계함은 열자가 뒤

쫓아 갈 사이도 없이 쏜살같이 도망을 친다. 이 모든 장면을 목격한 열자는 그동안 자기 학문이 크게 부족했음을 깨닫고 삼년을 집밖에도 나오지 않고 정진한다는 이야기이다. 이 에피소드는 도가의 입장에서 무를 한 수 아래로 내려다보는 태도를 노골적으로 표현한다. 도가 이외에도 무를 폄하하는 발언들은 여기저기서 확인된다. 그중에는 다른 사람을 욕하면서 무와 같다든가, 무처럼 행동하면 안 된다든가 하는 언급도 보이는데 아마도 이런 이야기들은 무의 입장에서 가장 기분 나쁜 말이었을 것이다.

이와 같은 사례들을 접하다 보면 선진 시기 무는 사회적으로 지위도 낮고 주변 사람들한테서 형편없는 대우를 받았을 것으로 추정하기 쉽다. 하지만 우주 운행의 질서와 세상 돌아가는 이치를 격조 높은 담론에 담아 소통시키고자 애썼던 선진 시기 수많은 사상가들의 입에서 심심찮게 떠올려지고 심지어 자기 주장을 논증하기 위한 비판의 소재로 사용될 정도였다면, 당시의 무를 하찮은 존재로 상상하는 것이 과연 타당한 것일까 하는 의구심이 들기도 한다. 오히려 그러한 사례들은 중국 고대 시기 무의 견고한 사회적 영향력을 반증하는 것은 아닐까.

흔히 우리는 무에 대하여 말할 때 고대로 올라갈수록 정교일치의 상황에서 수장의 역할을 겸했을 뿐만 아니라, 예술을 포함한 모든 문화의 뿌리였으리라 추측하는 버릇이 있다. 그러나 엄밀히 말해서 그 어떠한 주장도 타당한 증거를 가지고 하는 말은 아니며, 단지 무의 원초성을 전제한 상태에서 논리적으로 구성된 추론에 불과하다는 점을 인정하지 않으면 안 될 것이다. 무를 고대 사회와 문화를 설명하는 만능

열쇠로 여기는 태도는 분명 매력적인 측면이 있지만, 학문적으로는 앞으로 풀어야 할 많은 숙제들을 덮게 되는 결과를 초래하기 때문에 그다지 바람직스러운 것은 아니라고 본다.

이와 같은 논란을 충분히 고려하더라도 선진 시기 무의 저력만큼은 과소평가할 수 없을 것 같다. 물론 그들이 절대적인 권력을 가지고 있었다면 누군가의 입길에 오르내리는 일은 없었을 것이다. 결코 무시할 수 없는 사회적인 영향력을 가지고 있었지만 그렇다고 건드리지도 못할 만큼 막강하지는 않았던 무의 위상이 사회개혁을 지향하는 제자백가들의 입장에서 그들에 대한 비판적 담론을 전개할 수 있었던 조건 중에 하나가 아니었을까. 여타의 문제를 떠나 무에 대한 선진시기 사상가들의 비판이 확인해 주는 것은 무는 이 시기 종교 상황을 이해하는 데 놓쳐서는 안 될 요소라는 사실이다.

한 가지 아쉬운 점이 있다면 무가 자신의 입을 통해 스스로의 삶을 발언한 자료가 별로 남아 있지 않다는 것이다. 다른 사람의 손을 거쳐 간접적으로 기록된 이야기들이 대부분인 환경에서 무를 연구하는 것은 어떤 의미와 한계가 있을까. 어쩌면 이에 대한 고민부터 풀면서 시작하는 것이 우선이라는 생각을 해 본다.

임현수

원전은 어떻게 종교학이 되는가?

　그러니까 발단은 참회였다. 정확히는 참회의 종교학적 의미에 대한 불교학으로부터의 질문, 그게 발단이었다. 참회. 과오에 대한 뉘우침. 사람이라면 누구나 살아가며 적어도 한 번은 저지를 수밖에 없는 여하한 실책에 대해, 사람의 마음을 가진 자라면 누구나 생래적으로 가지게 되는 회한과 성찰의 심리, 혹은 그 표현 양식. 그런데 그것의 종교학적 의미를 불교학의 자리에서 묻다니. 우선은 참회에 대한 종교의 독특한 태도를 반추하는 것으로부터 시작해야 될 터였다. 이번의 경우에는 질문자의, 그리고 질문을 받은 나 자신의 연구 분야에 맞추어, 응당 불교도임을 자처한 인간들이 참회를 대하는 집단적 역사적 태도를 살펴보아야 할 것이다. 용어를 천착했다. 초기에 그 용어가 내포했던 개념의 범주를 살피고, 역사적으로 용어와 개념이 변천해 온 바를 추적했다. 그렇지만 그 종교학적 의미는 또 어떻게 길어 올려야 할 것인가.

　종교학의 한 동학이 제언했다. 그대의 마음껏 말하시오. 예리한 견해다. 세상에는 종교학자의 수만큼 많은 종교학의 정의가 있다. 나는 종교학자로서의 자의식을 갖고 있고, 따라서 나에게는 나의 종교학이 있다. 마음껏 말했다. 관련된 경률(經律)과 2차 연구들을 살펴보니, 불교의 참회는 이러이러 했더라고. 그런데 참회라는 기표(signifiant)는 점차 심리와 행위의 두 방향으로 자신의 기의(signifi)를 심화시켜 가더라고. 그 심화된 양상이 또한 그러그러 하더라고. 흥미롭게 임했고, 뿌듯한 결론이었다. 그러나 질문자의 의구심을 채우지는 못한 것 같다.

종교학의 다른 두 동학이 제언했다. 종교 전통의 교리학이 종교학에서 구하는 것은 타종교와의 비교로부터 파악되는 자기 전통에 대한 객관적 인식인 듯하오. 적절한 진단이다. 나와 같은 길을 앞서 걸으신 분들은 직접 겪어 얻은 귀중한 경험을 나누어 주었다. 비교종교학. 사실인즉 나 또한 일찍이 어슴푸레 짐작했던 것인바 확인받으니 마음이 편해진다. 그렇다면 나는 전통종교의 교리학 앞에서 떳떳한 종교학자이기 위해 세상의 모든 종교들에 해박해야 할까 보다. 꾸역꾸역 타종교의–그중에서도 특히 불교와 비교하기 좋은 기독교 전통을 중심으로–참회 개념의 연원과 역사적 변천을 살펴보았다. 약소하게나마 추가된 대답에 대해 질문자의 반응은 받지 못했다.

그렇지만 나는 아직 알지 못한다. 아마도 나는 대답의 방향성이 예정된 외부로부터의 질문에 응당한 대답을 해야 할 것이다. 하지만 내부로부터 분출하는 질문에 대해서는 마음껏 스스로에게 묻고 답할 것이다. 그렇지만 나는 아직 알지 못한다. 스스로에게 마음껏 지르는 그 질문과 대답은 과연 어떻게 종교학적인 해석과 이해를 담을 수 있을까.

추가된 대답을 한 이후 나는 잠시 원효의 여몽삼매(如夢三昧)를 응시한다. 「대승육정참회(大乘六情懺悔)」라는 비교적 덜 알려진 짧은 글에 담긴 강렬한 수사학적 상상력! 원효 그이는 어느 아름다운 날 루시드 드림을 꾸었나 보다. 몸을 덮치는 꿈속의 물이 괴로워 두려움에 떨며 꿈을 깨었지만, 꿈에서 깨어난 자신이 여전히 꿈속을 거니는 줄 알지 못하고 몸을 뒤척이며 침상에 누워 있다. 아니다. 꿈을 깬 꿈은 꿈임을 비로소 알아 어렴풋하게나마 꿈을 자각하며 깨어나고자 몸을 뒤척인다. 완전히 깨어난 꿈밖의 꿈밖에서 그이는 마음의 평화를 얻었다지만, 깨어나 평화로운 그 순간 그에게 더욱 아름다웠던 것은 몸을 뒤척이던 투지의 시간이 아니었을지.

그의 꿈이야기를 들으며 장자의 호접몽(胡蝶夢)을 떠올린다. 장자는 나비의 꿈에서 깨어나 자신을 잃었다. 원효는 꿈에서 깨어나 여전한 꿈을 헤맨다. 원효의 꿈은 장자의 꿈을 잇는가. 원효는 자신의 시대에 쏟아져 내리던 불교적 참회의 두 축—참회의 행위적 의례적 표현으로서의 사참(事懺)과 심리적 교리적 표현으로서의 이참(理懺)—을 가볍게 뛰어넘어 꿈의 상징으로 중생의 미망을 표현하였다. 여몽삼매는 참회의 동아시아적 전개를 어떻게 계승 발전시키는가. 혹 그의 꿈은 현대 심리학의 꿈 이론으로 재해석될 여지는 없는가. 그를 따라 꿈에서 거듭 깨어나거든 인간은 궁극의 구원을 얻을 수 있을까. 「대승육정참회」와 여몽삼매라는 텍스트를 따라 그것이 놓인 콘텍스트의 흐름을 걸으면 종내 나는 원효가 상상한 구원론의 의미를 찾을 수 있을까. 그것이 나의 새로운 종교학이 될 수 있을까.

그러니까 결국 발단은 정체성이었다. 종교학자의 자격과 책무에 대한 오랜 질문. 그리고 텍스트를 콘텍스트 속에서 발견하고, 원전으로부터 인간학적 의미를 발굴하는(한마디로 종교학을 가공하는!) 바로 그 방법론에의 탐색. 그러니까 나는 지금 종교학적 정체성의 숲에서 여전히 길을 잃고, 꿈에서 깨어난 그 후의 꿈속을 헤매고 있는 것이다. 이 두 번째 꿈이 언제 어떻게 깨어질지 모르겠다. 최후의 꿈에서 깨어난 나는 평화로운 기분으로 침상에 누워 한 발짝 더 떼어진 학문적 성취에 흐뭇하게 젖어 있기를 바란다. 그렇지만 아직은 모르겠으니, 이번의 탐색은 또 어떻게 귀결이날지. 평화로운 기분으로 회상되는 뒤척임의 기억은 과연 아름다울지 모르겠으나, 그 꿈에서 여전한 지금의 나는 이토록 어수선하니. 제학들이여, 이 가련한 동학의 뒤척임을 부디 외면하지 말기를.

민순의

종교학, 거짓말, 그리고 비디오테이프

　이 글을 쓰기 위해서 자리에 앉는 순간 가장 먼저 떠올랐던 것은 필립 그뢰닝의 다큐멘터리 영화인 〈위대한 침묵(Into Great Silence, 2005)〉이다. 1984년에 필립 그뢰닝은 외부인의 출입을 철저히 통제하는 프랑스 알프스 산맥의 그랑드 샤르트뢰즈 수도원(카르투지오 수도회)을 촬영하고 싶다는 의사를 수도회 측에 전달한다. 그리고 그뢰닝에게 생각할 시간을 달라고 했던 수도회 측은 15년 이상이 지난 후에야 수도원 촬영을 허락한다. 수도원 내부의 시간과 외부의 시간이 각각 별개의 속도로 흘러가다가, 한쪽의 기억과 다른 한쪽의 망각이 어느날 문득 전화 벨소리를 울리며 재회한 것이다.

　그뢰닝은 이 영화가 종교에 대한 영화라기보다는 시간에 대한 철학적 성찰이기를 바랐던 것 같다. 그의 카메라는 우리가 시간이라고 부르는 것으로부터 모든 잡다한 일상의 구성요소가 모조리 증발했을 때 그 빈 자리에 무엇이 남는가에 대한 질문을 계속해서 던진다. 우리는 너무 많은 말을 하며 살아간다. 끊임없이 우리는 무언가를 쓰고 말해야 하거나, 아니면 읽고 들어야 한다. 말의 감옥은 시간의 감옥이기도 하다. 그러므로 그뢰닝의 카메라는 일상을 걸러내는 필터처럼 작용하면서 모든 인공적인 것들에 저항한다. 그렇게 그의 필름은 인간의 몸에서 호모 로쿠엔스(언어적 인간)를 떼어낸다. 사람 빼기 언어는 무엇이 될까? 질서정연하게 구획된 어두운 공간 속을 누비는 수도사의 몸은 의미를 거부하는 듯한 원초적인 언어 덩어리처럼 느껴진다.

수도원에서는 기도라는 집단적 언어만이 울려퍼질 뿐, 어떠한 개인적 언어도 발설되지 않는 것처럼 보인다. 그리고 어두운 굴과도 같은 수도원 내부를 질서정연하게 이리저리 돌아다니는 것은 사람이 아니라 시간의 유령처럼 보인다. 이 유령은 영화를 보는 내가 잃어버리고자, 잊어버리고자 했던 나의 모습처럼 여겨진다. 그래서 이 영화는 순간순간 공포영화처럼 편치 않게 나를 압도해 온다. 시간을 지우는 기계 속에 들어갔다 나온 사람들처럼 수도사들은 시간을 잃어버린 사람들이 되어 서로를 닮아 간다. 수도사들의 얼굴을 차례로 클로즈업하는 장면이 반복되는데, 우리는 거기에서 시간이 박힌 얼굴이 점점 시간이 빠진 얼굴로 변화하는 과정을 관찰하게 된다. 삶으로 가득 찬 어린 얼굴, 젊은 얼굴, 늙은 얼굴, 그리고 이미 너무 많은 죽음이 들어와 버린 얼굴이 공존하는 수도원에서 수도사들은 서로의 얼굴을 보면서 서로의 시간을 학습한다. 그리고 그들은 타인의 얼굴 속에서 자신의 얼굴을 발견한다. 그리고 서로가 서로의 몸으로부터 시간의 껍질을 벗겨낸다. 그러므로 수도원은 시간의 시신이 매장되는 곳이며 시간의 장례식이 이루어지는 곳이다. 이곳은 더 이상 신이 필요없는 사람들이 사는 곳이다.

얼굴에 대한 이러한 관심에서 최근에 나는 '종교와 얼굴'이라는 제목으로 다큐멘터리 영화를 만들고야 말겠다는 쓸데없는 망상을 진행하고 있다. 몇 개의 인터뷰를 따면서 느꼈던 저항의 강도는 "쉽지 않겠구나!"를 연발하게 만들었다. 프로이트가 왜 녹음기와 영화라는 매체를 사용하지 않았겠는가! 녹음기는 우리의 몸 속에서 소리를 꺼내가고 카메라는 우리의 시간 이미지를 약탈해 간다. 우리의 죽은 시간은 그렇게 기계 속에 저장된다. 그래서 모든 인터뷰는 죽음의 기록인 것이다. 무엇보다도 나는 '종교학'을 떠올릴 때 사람들이 드러내는 각양각색의 얼굴 표정을 담고 싶었다. 종교학의 얼굴은 어떤 얼굴일까? 사실 이러한 생각을 하게 된 것은 스티븐 소더버그의 오래 전 영화인 〈섹스, 거짓말, 비디오테이프(Sex, Lies, and Videotapes, 1989)〉 때문에 생겨난 것 같다. 이 영화는 항상 나에게 다시 보아야 할 영화로 남아 있었는데, 이 글을 쓰면서 나는 이 영화의 DVD 타이틀을 주문했다. 당신에게 종교학이 주는 오르가즘의 표정은 무엇입니까?

나는 종교학 연구자들이 얼마나 학문적인 거짓말을 하고 있는지를, 그들의 내밀한 학문적 욕망이 과연 스스로 말하고 있는 만큼 순수한 욕망인지를, 그들은 종교학의 절정에서 어떤 얼굴을 하고 있는지를 알고 싶었다. 종이의 말은 관심 밖이었다. 육성, 말 그대로 몸의 소리를 듣고 싶었고, 몸이 찌그러지면서 만들어내는 얼굴 표정을 담고 싶었다. 내 주변에 있는 대부분의 사람들은 종교학을 이야기할 때 짓는 저마다의 독특한 얼굴 표정이 있다. 이런 얼굴 표정들이 예전에는 학문적인 담론 안에 들어와 종교학의 언어로 인쇄되기도 했다. 그러나 요즘 읽는 글들은 얼굴 없는 언어, 목소리 없는 글자뿐인 것만 같다.

종교학이라는 울타리 안에서 무언가가 진행된다는 소식이 들리고 그곳에 초대를 받는다. 그러나 나는 저마다 다른 이야기를 하는 이곳, 서로 다른 문법의 언어들이 서로를 애써 외면하며 이야기를 전개하는 이곳, 서로의 연구에 대한 형식적인 관심만이 공동체를 유지하는 이곳, 더 이상 희열도 쾌락도 오르가즘도 없는 학문의 장인 이곳, 더 이상 서로가 얼굴을 기억하지도 서로의 얼굴을 학습하지도 않는 이곳, 모든 시간을 혼자 감내해야 할 뿐 누구도 나의 얼굴에서 시간을 지워 주지도 않고 누구도 나의 얼굴에 시간을 선물해 주지도 않는 이곳, 아니 서로의 얼굴에 대한 무관심이 범람하는 이곳, 이곳이 어떻게 종교학이라는 하나의 이름으로 묶일 수 있을까를 항상 고민할 수밖에 없었다.

모든 학문은 스스로의 정체성을 설정하자마자 '정체성의 주석'으로 전락하게 되어 있다. 이것은 마치 종교가 최초의 상상적 경험을 캐논화하여 '캐논에 대한 주석'으로서만 생존하게 되는 현상과도 비슷하다. 이때 우리는 종교가 아니라 '종교의 주석'만을 보게 된다. 그러고 보니 종교는 항상 없었다. 모든 기독교는 기독교의 주석으로, 모든 불교는 불교의 주석으로 생존한다. 종교는 부재를 통해서만 존재하는 것 같다. 마치 신이 부재를 통해서 자신의 존재의 힘을 증식시키는 것처럼 말이다. 이건 엘리아데의 말이다. 인간도 그렇다. 라캉의 거울 앞에 선 인간은 윤곽선 안에 둘러싸인 인간 덩어리를 보게 되고 이때부터 '나'라는 완전체의 환영에 사로잡힌다. 이후로 인간은 '환영의 각주'로서만 살아가게 된다. 진정한 나로부터 일탈해 있다고 내가 나를 야단치게 되고, 본래의 나로 돌아가야만 한다고 하면서 나를 찾아 헤

매게 된다. 그러나 완전체로서의 나는 원래 없었다.

이런 말을 하는 것은 종교학의 정체성이라는 것이 상상적인 환영일 뿐이라는 말을 하기 위해서이다. 그러나 학문 자체가 이미 환영의 놀이에 불과한 것인지도 모른다. 우리는 그러한 환영을 위해서 서로 싸우고 서로 무시하고 서로를 외면한다. 우리는 종교/종교학이라는 환상소설을 쓰기 위해서 끊임없이 종교사/종교학사에 대한 집필에 목말라 한다. 그러나 역사는 정체성을 만드는 기술이지만, 누가 뭐래도 환영의 구조물일 뿐이다. '종교사'는 종교의 끝에서 서술될 것이고, '종교학사'는 종교학의 끝에서 책이 될 것이다. 그것은 마치 바이오그라피를 쓰는 것이 죽음 이후의 산물인 것과도 같다.

종교도 종교학도 완제품이 아니다. 그러나 종교사/종교학사는 종교와 종교학을 완제품으로 재구성한다. 그런데 우리는 서로 다른 종교학을 가지고서, 서로 다른 종교 개념을 가지고서, 종교학이라는 울타리 안에서 공동의 일을 도모한다. 같이 토론을 하기도 하고, 심포지엄의 패널로 참여하기도 한다. 지난 한 해 동안 내가 목도한 것은 그렇게 서로 다른 '종교들'과 '종교학들'의 결코 일어나지 않은 갈등과 충돌이었다. 이러한 현상이 그 자체로 의미 있는 것일지도 모른다. 그렇게 우리는 다양성을 존중하고 있으니까 말이다. 그러나 문제는 우리가 더이상 거의 대화하지 않는다는 것, 이따금 하는 대화조차도 자기를 강제하기 위한 연출일 뿐이라는 것이다. 차이는 차이의 서술 속에서만 의미 있는 것이다. 무관심은 차이의 해석학일 수 없다.

종교학과가 설치된 대부분의 대학에서 종교학 커리큘럼은 이미 상당히 기본적인 골격이 붕괴되어 버렸다. 한국종교학회는 이미 '방법'으로서의 종교학보다는 '영역'으로서의 종교학이 지배하고 있다. 어떻게 이야기할 것인가보다는 무엇을 이야기하는가가 중요할 뿐이다. 종교학 강의는 종교의 신비와 환상을 먹잇감처럼 던져주어야 하는 서커스가 되어 버렸다. 종교학 연구자는 더 이상 서로가 연구하는 것을 진지하게 토론하지도 않고 서로의 연구 상황에 대한 관심도 거의 없다. 우리는 이미 '종교학 이후'를 살고 있는지도 모른다. 우리가 말하는 종교학은 이제는 없는, 과거에는 있을 뻔했던 그런 것이다. 나는 지난 일 년 동안 진지하게 진행된 종교학 사건들을 돌이켜 보면서, 니체가 말하듯이 다시 동일한 일을 되풀이 해도 후회 없이 즐겁게 할 수 있을 만큼의 무게감을 지니고서 기획된 종교학 사건이 얼마나 될 것인가를 묻고 싶었다. 과연 있을까?

이제 우리가 종교라는 이름으로, 종교학이라는 이름으로 스스로의 정체성을 유지할 수 있는 시절은 지나간 듯하다. 문제는 무척 심각하고 현재의 상황은 '절망의 끝'을 이야기한다. 종교학 연구 동향을 서술하는 이 글에서 이렇게 쓸데없는 것처럼 보이는 이야기를 잔뜩 늘어 놓는 것은 그만큼 현재로서는 종교학 연구자들의 일반적인 움직임을 포착하기가 매우 어렵다는 생각 때문이다. 언젠가 종교학의 세계가 스스로에 대해서 무척 말을 많이 하던 시절이 있었다. 그러나 이제 그러한 자기고백은 무척 위험해 보인다. 왜냐하면 근래의 학문적인 분위기 속에서 자기고백은 철저하게 천대받는 장르이기도 하거니와, 고백과 선언으로 유지되는 학문적 정체성에 대한 관성적인 조롱이 도를 넘는 경우가 비일비재하기 때문이다. 누구도 자기에 대해서 말을 하지 않고 학문을 진행해야 하는 '포커페이스의 학문'이 이제 가장 아름다운 학문의 방식인 것처럼 여겨지기까지 한다. 이제 고백은 연구자에게 낙인이 되어 회귀할 뿐이다.

그래서 종교학이 거짓말을 벗어나기 위해서는 자신의 고백을 담아줄 비디오테이프가 필요하다고 생각한 것인지도 모르겠다. 우리는 이제 종교학 기계의 도움을 받아야 한다.

이창익

무신론 학과의 등장

　2016년 5월 뉴욕 타임스는 세계 최초로 마이애미 대학에 '무신론 학과'가 개설된다는 기사를 내보냈다. 이 학과의 정확한 명칭은 "무신론, 인본주의, 세속윤리 연구(Study of Atheism, Humanism and Secular Ethics)"이며, 한 은퇴한 사업가가 해당 대학에 220만 달러를 기부함으로써 성사된 것이라고 한다. 이 기부자(Louis J. Appignani)는 해당 기사에서 "무신론자에 대한 차별을 없애려고 노력하고 있으며" 해당 학과 개설은 "무신론을 타당한 것으로 만들기 위한 첫걸음"이라고 밝혔다. 이와 관련하여 『만들어진 신』(*The God Delusion*)을 저술한 진화생물학자이자 무신론의 저명한 주창자인 리처드 도킨스(Richard Dawkins)는 해당 언론과의 전화 인터뷰에서 마이애미 대학의 용기 있는 결정을 지지하며, 윤리 연구가 종교의 족쇄에서 벗어나는 것이 매우 중요하다고 말했다. 이 기사는 해당 대학의 공식 발표 전에 나온 것으로 미국 사회에 커다란 반향을 일으켰다. 그러나 미국 대학에서 종교학이나 신학 외에도 무(無)종교나 반(反)종교 현상에 대한 연구를 전공과목으로 개설하려는 움직임은 이미 감지되었던 것으로, 캘리포니아 남부의 작은 대학인 파이저대학(Pfizer College)은 2011년부터 'Secular Studies(세속학?)'를 학부 전공과목에 포함시키고 있다. 비슷한 맥락에서 현재 적어도 46개의 미국 대학이 관련 교과과목(무신론, 인본주의, 세속주의)을 개설하고 있다고 한다. 이러한 미국 대학의 움직임은 종교학 전공자인 필자에게 신선한 충격으로 다가왔으며, 이러한 변화에 대한 사회문화적 배경에 관심을 가지게 되었다.

무신론 연구는 미국 학계에서 최근 하나의 인정받는 연구 영역으로 정착하고 있으며, 관련 학술지–*Secularism and Nonreligion*(2012-); *International Journal of Atheism*(2014-)–가 발간되고 (국제)학술대회 또한 정기적으로 개최되고 있다. 이와 함께 미국의 무신론자들은 국내는 물론이고 국제적 연대–Atheist Alliance International; International League of Non-religious and Atheists–를 강화하고, 일종의 압력집단으로 정치적 의사결정에 참여하고자 한다. 이들 단체의 공동 목표는 사회적 편견/차별에 맞서 무신론자들의 인권을 보장받고, 국가와 종교의 철저한 분리를 주창하면서 종교단체의 세금면제를 무효화하고 공교육에서 종교의 영향을 배제시키는 것이다. 이들의 정치적 영향력은 2016년 오바마 미국 대통령이 서명한 '프랭크 R. 울프 국제종교자유 법안(H.R.1150)'에서 "종교와 사상의 자유는 특정 종교를 실천 또는 천명하지 않을 자유는 물론이고, 유신론적(theist), 무신론적(non-theist) 믿음을 보호하는 것으로 이해된다."라는 문항의 내용에서도 간접적으로 확인된다. 즉 종교의 자유와 관련하여 처음으로 무신론자들이 보호받을 집단으로 명기된 것이다.

이렇게 무신론자들의 목소리가 커지고 무신론(자)에 대한 학문적 관심이 높아진 데는 일련의 요인이 작용하고 있다. 우선 '신무신론

(New Atheism)'이라고 불리는 21세기의 문화 현상을 언급할 수 있다. 2004년부터 2007년까지 무신론을 주장하는 지식인들-리처드 도킨스, 샘 해리스(Sam Harris), 대니얼 데닛(Daniel Dennett), 크리스토퍼 히친스(Christopher Hitchens)-이 일련의 베스트셀러 서적을 내놓으면서 '무신론'에 대한 높은 대중적 관심이 형성되고 이와 함께 지식인들의 활발한 토론과 논쟁이 전개되었다. 여기에는 2001년 발생한 9·11 테러도 한몫한다. '신무신론'의 시작을 가져온 최초의 베스트셀러 서적인 샘 해리스의 『종교의 종말』(The End of Faith: Religion, Terror, and the Future of Reason, 2004)이 9·11 테러에 자극을 받아 저술되었다는 것은 잘 알려진 사실이다. 미국의 9·11 테러는 일본의 옴 진리교 사건처럼 종교 전체에 대한 회의를 불러일으켰으며, 이는 무신론 관련 서적의 높은 판매율과 무관하지 않다. 특히 9·11 테러는 이슬람 혐오가 확산하는 계기를 제공하였으며, '신무신론'을 비판하는 (무신론자) 학자들은 전자의 이슬람에 대한 높은 적대감을 지적하기도 한다.

그러나 무신론자들의 사회적 영향력이 커지고 무신론(자)에 관한 연구가 활발해진 실질적인 이유는 바로 미국 사회에서 어느 종교집단에도 속하지 않는 소위 '무종교인(religious none)'의 수가 폭발적으로 증가한데서 찾을 수 있다. 미국의 퓨 조사센터(Pew Research Center)의 2014년도 '종교지형도 조사(Religious Landscape Survey)'에 따르면 미국 전체인구의 70.6%가 기독교인(개신교 46.6%, 가톨릭 20.8% 등)이며, 비기독교 종교인은 6.5%, 그리고 특정 (제도)종교에 속하지 않는 사람 즉 '무종교인(religious none)'은 22.8%를 차지한다. 그 결과 '무종교인들'은 복음주의(25.4%)에 이어 미국에서 두 번째로 큰 '종교집단'이 되었다. 이러한 조사결과는 해당 기관의 2007년도 조사와 비교해서 기독교인의 지속적인 감소(78.4% →70.6%)와 함께 무종교인의 빠른 증가(16.1% → 22.8%)를 보여준다. 무종교인의 빠른 증가세는 유럽에서도 관찰되는데 영국의 경우 한 조사(NatCen's British Social Attitude survey)에 의하면 2014년 종교를 가지지 않은 사람들의 수(48.5%)가 기독교인의 수(43.8%)를 추월하였다고 한다. 그렇다고 '무종교인'이 자동적으로 비(非)/반(反)종교적인 것은 아니다. 오히려 이들은 특정 종교집단에 속하지 않을 뿐, 일반적인 추측과 달리 무신론자나 불가지론자(agnostic)의 비율은 낮은 편이다. 그러나 이러한 '무종교인' 또한– 특히 젊은 층에서–점차 세속화되는 경향이 강화되고 있으며, 젊은 층에서 '무신론자'의 비율 또한 점차 높아지고 있다(2007년: 25% → 2014년: 31%). 이렇게 서구에서 '종교'에 무관심하거나 '종교'를 거부하는 인구가 계속 증가하면서 연구나 대학의 정책수립자 또한 이러한 현실을 심각하게 받아들일 수밖에 없게 된 것이다.

한국의 경우, 통계청이 발표한 2015년 인구주택총조사 결과에 따르면 '종교 없음'으로 답한 사람들이 전체인구의 56.1%로 처음으로–2005년: 47.1% –인구의 절반을 넘어섰다고 한다. 최근 들어 일련의 한국 종교사회학자들이 이들 '무종교인'에 주목하여 조사연구를 진행하는 것은 고무적이며, 한국종교사회학회에서는 한-미 공동협력연구를 진행하여 이들 '무종교인'의 '종교성'을 비교연구한 바 있다. 그러나 한국사회에 엄연히 존재하는 '무신론자' 내지 '반(反)종교인'에 대한 조사연구는 여전히 부재하다. 그 이유의 하나로 한국과 같이 전통적인 다종교 사회에서는 기독교가 여전히 강력한 영향력을 가지고 있는 서구와 달리 '무신론자'에 대한 차별/편견이 사회적 이슈나 문제로 가시화되지 않는다는 점을 들 수 있을 것이다. 그러나 한국의 '무종교인' 중 무신론자와 같이 (위계적인) 종교조직이 아닌 '종교' 자체에 냉담한 사람들이 젊은 층을 중심으로 증가하고 있으며, 일부 무신론자들은 대학을 중심으로 조직화되는 양상을 보인다. 대표적인 조직은 'Freethinkers'로 서울대학교, 한국과학기술원(KAIST), 연세대학교, 고려대학교, 성균관대학교, 포항공과대학(POSTECH), 광주과학기술원(GIST) 등 여러 대학의 '자유사상' 동아리가 모여 결성된 연합동아리이다. 이런 맥락에서 '무종교인'이나 무신론(자)에 대한 학문적 관심과 경험적 연구는 종교학의 연구 영역을 넓히고 동시대 종교지형도를 파악하는 데 필수적이라고 할 수 있다.

끝으로 한국의 대학에 과연 '무신론 학과'가 개설될 수 있겠냐는 가상적 질문을 던져본다. 그 대답은 누구나 짐작할 수 있듯이 전혀 가능성이 없다는 것이다. 인문학의 '비효율성'을 근거로 인문학의 쇠퇴를 직간접적으로 조장하는 현 대학정책 속에서 기존의 종교학과도 폐지되고 있는 마당에 '무신론 학과'와 같은 새로운 실험적 학과의 등장은 기대할 수 없다. 단지 한국의 종교학과 내에서 '무신론'을 독립적 교과과목으로 개설할 수 있는 미래를 소박하게 기대해 본다.

우혜란

"나는 종교문화를 연구합니다"

　나는 요즘 강의, 학술모임, 대중강연 등에서 자기소개를 할 기회가 있으면 '종교문화를 연구하고 있다'는 말을 종종 덧붙인다. 왠지 '종교학자'나 '종교연구자'라는 말보다 '종교문화 연구자'라는 말이 개인적으로 조금 더 편안하게 느껴지기 때문이다. 이런 자기소개를 하면서 경험하게 된 소소한 일을 떠올려 보고자 한다.

　무엇보다도 자기소개를 한 다음에 받는 질문의 성격이 흥미롭다는 생각이 든다. 예전에는 종교학을 한다고 말하면 "그럼 무슨 종교를 전공하는데요?"라는 질문과 종종 마주쳤다. 그러면 나는 대개 특정 종교를 '전공'하지는 않는다는 것을 자세히 설명하는 대신 그냥 "한국종교"라고 대답하곤 했다. 그럴 때 나는 질문자에게 성실히 답변하지 못하고 무례를 범했다는 생각이 들기도 했다. 그런데 '종교문화를 연구한다'고 말하면서부터 그런 질문을 받는 일이 상대적으로 드물게 된 것 같다. 물론, 대부분의 경우는 내 말에 관심이 없기 때문일 거라고 생각된다. 하지만, 내 소개에 상대적으로 적극적인 관심을 보인 소수의 사람들은 내가 말하는 종교문화라는 게 뭔지, 어느 지역의 종교문화를 연구하는지, 어떻게 연구하는지, 혹은 세부 주제가 무엇인지 등을 물어 왔다. 나로서는 꽤 신선한 경험이다.

그런 질문을 받으면 나는 조금 신이 나서 대답을 하게 된다. 먼저 나는 몇몇 종교 전통들의 교리나 실천 규범만이 아니라 한 사회의 구성원들이 종교와 관련하여 경험하는 문화적 현실을 아울러 그 사회의 '종교문화'로 본다고 말한다. 이어서 나는 널리 퍼져 있거나 반복적으로 나타나는 종교문화에 대한 진화-인지과학적 접근을 시도하고 있으며, 최근에는 특히 현대 한국 사회의 '혐오' 이슈와 종교문화의 관계를 연구한다는 긴 답변을 늘어놓기도 한다.

나는 여러 종교들의 이념적 주장과 규범을 이해하는 것과 한 사회의 종교문화를 이해하는 일은 구별할 필요가 있다고 생각한다. 개별 종교들의 이념적 주장과 규범은 각 종교 내부의 이슈다. 반면, 한 사회의 종교문화라는 것은 그 사회 구성원들의 다양한 생각과 행동, 그리고 그들이 서로 관계를 맺고 살아가는 일상의 사건들을 통해 비로소 포착되는 문화적 현실이다. 즉, 나는 각 종교 내부의 이슈들만이 아니라 한 사회의 구성원들이 종교와 관련해 경험하는 삶의 수많은 장면들과 일상의 문화적 현실이 그 사회의 종교문화를 형성한다고 생각한다. 따라서 종교문화를 향유하는 주체는 단지 몇몇 특정 종교의 신도들만이 아니라 한 사회의 구성원 전체라고 할 수 있다. 그렇다면, 종교문화를 연구하고 비평하는 관점과 시각 역시 특정 종교 내부의 사안들에만 초점을 맞추어야 할 이유가 없다.

우리는 종종 그리고 곳곳에서 여러 종교들이 '바른 삶'에 관해 규정하는 제각각의 주장들을 접하게 되며, 또 그 규범을 따라 살고자 하는 신자들의 진지한 실천들을 보게 된다. 동시에 우리는 종종 어떤 종교의 지도자나 신자가 저지르는 각종 위선과 범죄를 직간접적으로 경험한다. 각종 매체와 언론은 종교인들의 범죄를 특별히 보도하고, 여론도 그러한 소식에 좀 더 예민하게 반응한다. 어떤 종교인들은 자기가 속한 종교집단이나 지도자의 활동이 자신의 신념과 맞지 않는다는 이유로 심각한 고민에 빠지지만, 그런 이유로 인해 위기를 겪는 일이 거의 없는 종교인들도 있다. 또 우리는 종종 특정한 종교집단이 국가와 시민사회에 논쟁과 갈등을 빚어내는 경우를 목격한다. 사람들은 특정 종교의 신자를 존중하고 존경하기도 하지만, 무관심하기도 하며, 비난하거나 경멸하기도 한다. 중요한 사실은 지금까지 열거한 장면들이 단지 몇몇 사람들만이 겪는 '드물고 주변적인' 사건으로 여겨질 수 없다는 점이다. 이는 종교인이든 아니든 상관없이 누구나 경험하고 있는 문화적 현실이다.

즉, 우리는 자신이 종교인인지 아닌지와 무관하게 종교문화를 경험하며 살아간다. 우리가 경험하는 종교문화는 결코 '아주 특별한 것'이 아니다. 어떤 사람들은 종교와 관련된 일들이 일상에서 늘 경험하는 일들과는 뭔가 현격한 차이가 있으리라고 기대한다. 종교인들이 공식적으로 제시하는 이념적인 지향도 뭔가 '다른 삶'의 모습을 상상하게 만든다. 그러나 종교가 누군가의 삶을 언제나 극적인 것으로 빚어내지는 않는다. 일상에서 종교인들과 비종교인들의 생각과 행동 사이에 나타나는 차이도 기대와 상상만큼 대단하지 않다. 심지어 사람들은 특정한 종교를 신봉하지 않아도 가끔씩 종교인들처럼 생각하고 행동하는 일이 있으며, 종교적 가르침을 몰라도 도덕적으로 충실하게 살아갈 수 있다. 종교문화는 이러한 일상과 더불어 경험된다.

이처럼 종교와 관련이 있는 것으로 생각되는 삶의 수많은 장면들과 일상의 문화적 현실이 한 사회의 종교문화를 형성한다면, 그 사회의 구성원은 누구든지 자신이 경험하는 종교문화의 향유 주체로서 발언할 수 있어야 한다. 사실 이미 소위 종교전문가나 종교학자들만이 아니라 다양한 분야의 연구자들, 언론인들, 작가들, 시민들이 종교와 관련된 다양한 문화적 현실에 대해 중요한 발언과 비평을 많이 생산하고 있다. 또 이런 상황 자체가 오늘날 종교문화의 일면이기도 하다.

종교문화를 연구한다는 것은 이러한 문화적 현실을 자신의 관점과 방법을 가지고 다양한 향유 주체들과 직간접적으로 소통하면서 분석하고 비평하는 일이다. 물론, 서점의 책장이나 연구 과제 신청분야 선택지에서 '종교문화'라는 항목은 아직 찾아볼 수 없다. 그럼에도 불구하고 나는 '종교문화 연구자'로 살고 싶다.

구형찬

* 이 글에는 『종교문화비평』 33호에 실린 필자의 논문 머리말 내용이 일부 포함되었다.

저자 소개

강돈구	한국학중앙연구원 교수
구형찬	연세대학교 국학연구원 전문연구원
김대열	프랑스 국립동양어문화대학 교수
김윤성	한신대학교 교수
김호덕	한국종교문화연구소 연구원
도태수	한국학중앙연구원 박사과정
류성민	한신대학교 교수
민순의	한국종교문화연구소 연구원
박규태	한양대학교 교수
박상언	한국종교문화연구소 연구원
박상준	서울대학교 박사과정
방원일	서울대학교 강사
송현주	순천향대학교 교수
신재식	호남신학대학교 교수
안연희	선문대학교 교수
우혜란	가톨릭대학교 강사
유기쁨	한국종교문화연구소 연구원
윤승용	한국종교문화연구소 이사
윤용복	아시아종교연구원 원장
이민용	한국종교문화연구소 이사장
이연승	서울대학교 교수

이용범 안동대학교 교수

이 욱 한국학중앙연구원 연구원

이진구 한국종교문화연구소 소장

이창익 고려대학교 민족문화연구원 연구교수

이혜숙 금강대학교 초빙교수

임현수 한국종교문화연구소 연구원

장석만 한국종교문화연구소 연구원

전인철 한국종교문화연구소 회원

정진홍 서울대학교 명예교수

조현범 한국학중앙연구원 교수

진철승 한국종교문화연구소 회원

차옥숭 한국종교문화연구소 이사

최유진 경남대학교 교수

최화선 서울대학교 강사

하정현 한국종교문화연구소 연구원

허남린 캐나다 브리티시 컬럼비아대학교 교수

〈가나다 순〉

이야기를 해야 알죠!

등록 1994.7.1 제1-1071
1쇄 발행 2018년 6월 10일
2쇄 발행 2018년 12월 31일

엮은이 한국종교문화연구소
펴낸이 박길수
편집인 소경희
편 집 조영준
관 리 위현정
디자인 이주향
펴낸곳 도서출판 모시는사람들
        03147 서울시 종로구 삼일대로 457(경운동 수운회관) 1207호
전 화 02-735-7173, 02-737-7173 / 팩스 02-730-7173
홈페이지 http://www.mosinsaram.com/

인 쇄 천일문화사(031-955-8100)
배 본 문화유통북스(031-937-6100)

값은 뒤표지에 있습니다.
ISBN 979-11-88765-18-8   03200

* 잘못된 책은 바꿔 드립니다.
* 이 책의 전부 또는 일부 내용을 재사용하려면 사전에 저작권자와 도서출판 모시
는사람들의 동의를 받아야 합니다.

이 도서의 국립중앙도서관 출판예정도서목록(CIP)은 서지정보유통지원시스템 홈
페이지(http://seoji.nl.go.kr)와 국가자료공동목록시스템(http://www.nl.go.kr/
kolisnet)에서 이용하실 수 있습니다.(CIP제어번호: CIP2018016464)